上海市"双高"建设项目
上海出版印刷高等专科学校数字出版专业建设研究成果

户外广告受众偏好与投放策略

朱 军 著

上海大学出版社
·上海·

图书在版编目(CIP)数据

户外广告受众偏好与投放策略 / 朱军著. -- 上海：上海大学出版社, 2025.3. -- ISBN 978-7-5671-5217-5
Ⅰ. F713.859

中国国家版本馆 CIP 数据核字第 20252LN731 号

责任编辑　邹西礼
封面设计　柯国富
技术编辑　金　鑫　钱宇坤

户外广告受众偏好与投放策略

朱　军　著
上海大学出版社出版发行
（上海市上大路 99 号　邮政编码 200444）
（https://www.shupress.cn　发行热线 021-66135112）
出版人　余　洋

*

南京展望文化发展有限公司排版
广东虎彩云印刷有限公司印刷　各地新华书店经销
开本 890mm×1240mm　1/32　印张 5　字数 117 千
2025 年 4 月第 1 版　2025 年 4 月第 1 次印刷
ISBN 978-7-5671-5217-5/F·260　定价 48.00 元

版权所有　侵权必究
如发现本书有印装质量问题请与印刷厂质量科联系
联系电话：0769-85252189

前言
Foreword

户外媒体是一种常规且行之有效的媒介形式。对户外媒体的广告效果进行评估,是为刊登广告而支付大量费用的商家最为关心的问题,同时也是达到广告营销预期目标的保障措施,是户外媒体运营商进行企业战略规划与营销管理的重要基础。

从现有的户外广告媒体传播理论研究来看,对户外媒体的评估都是在空间生产理论的基础上,通过人工进行有限的数据采集,并结合经验进行评估,考虑了千人成本、人流量、可视机会等要素,但缺乏精准的大数据抓取,以及在此基础上进行全面的数据分析。

本书基于卡尔曼滤波,以蓝牙与惯导融合,提出了一种新的移动互联网精准定位方法,以获取人流行进路线、驻留时间、购买数据等受众行为数据,从而提出了户外广告投放优化的策略与方法,为户外广告设置管理、建设投入提供了科学依据,可大量节省广告运营成本,提高广告营销效率。同时,本书对户外广告传播规律及传播学理论进行了深化研究。在精准获取空间交互数据的基础上,通过对受众大数据与户外媒体选择指标及广告效果评估指标进行建模,进而对优化广告营销策略提出比较科学的路径,克服了普通空间生产理论有关市场调查法的局限性,提升了媒体选择的准确性和有效性。此外,本书利用数据挖掘技术,从用户行为大数据中发现隐藏的规律，在传统空间生产理论的基础上，通过数据分析方法研究户外媒体资源的优化配置，建立了基于用户大数据的户外广告投放决策模型，为户外媒体的生产与价值提升提供了有效方法。

本书的主要内容如下：

（1）对户外广告交互模式、受众偏好、传播规律进行了研究，丰富了相关户外广告的传播理论。本书通过梳理和总结目前户外广告的应用场景及交互模式，为研究户外广告受众群体偏好建立了基础，探索性地将户外广告应用场景分为大空间声画和小空间触控，并以此为分类依据，将户外广告的交互模式细分为基于信号感应的户外广告交互模式、基于声音识别的户外广告交互模式、基于图像识别的户外广告交互模式、基于 LBS 的户外广告交互模式，从而为深化户外广告理论的研究起到了抛砖引玉的作用。

（2）提出了基于卡尔曼滤波的蓝牙与惯导融合精准定位技术的算法，解决了户外广告受众空间的交互数据获取的难题。该技术具有室内室外全面覆盖、精准度高、建设便捷、成本低的优势。研究选取上海某一商务空间的工作内场进行试验，采用 Java 语言进行编程实现。现场试验结果表明，该算法能在普通环境中实现对人员的高精度定位及追踪运动轨迹的功能，从而为后续户外广告受众行为的大数据采集、空间交互数据获取提出了科学的解决方案。

（3）基于大数据的受众体验分析，提出了户外广告媒体选择偏好与排序方法。通过研究户外广告浏览偏好，分析了户外广告媒体的设置偏好管理，从可视尺寸、广告密集度、易视性、视觉强迫度、辅助感官设计、触达时长六大指标建模，并运用改进的 TOPSIS 法，讨论了 10 种不同类别的户外广告媒体的受众偏好排序方法。该方法既适用于户外广告的小样本资料,也适用于多评价单元、多指标的全行业资料;既可用于横向(不同指标)对比,也可用于纵向(不同类别)对比,是基于大数据的量化分析,在户外广告受众偏好综合评价中能实现较高的应用价值。

(4) 根据消费者体验数据模型,探究分析了不同类型户外广告对消费群体的影响,验证了户外广告交互模式的内在规律。通过对258名一般消费者进行的调研结果分析,显示户外广告信息的功能性和情感性对消费者感知价值和购买意愿具有显著正向影响,感知价值对消费者购买意愿具有显著正向影响,且在户外广告信息属性(功能性和情感性)与消费者购买意愿关系中起中介作用。同时,研究显示在户外广告信息属性对消费者感知价值的作用过程中,品牌熟悉度对广告信息的情感性起到了正向调节作用,具有调节的中介效应。

(5) 利用综合算法及数据处理建模,建立了户外广告可行的资源优化运营解决方案。此模型是一个带约束的整数优化问题,通过罚函数将其转换为无约束问题,并以协同混合粒子群算法进行最优求解。研究以20个广告客户、10个户外广告牌进行仿真实验,运算得到最优解。通过对仿真实验优化结果的可行性分析,表明了算法的有效性,有效平衡了广告客户和户外运营商的双方利益,为合理利用有限的媒体资源提供了可行的应用方法,适应了户外广告业发展与管理的需求。

目 录
Contens

第一章 绪论 …………………………………………… 1
  1.1 研究背景及意义 …………………………………… 2
    1.1.1 研究背景 ………………………………………… 2
    1.1.2 研究意义 ………………………………………… 4
  1.2 主要研究工作 ……………………………………… 6
    1.2.1 研究内容 ………………………………………… 6
    1.2.2 研究方法 ………………………………………… 8
    1.2.3 创新点 …………………………………………… 10
    1.2.4 研究框架 ………………………………………… 11
  1.3 本章小结 …………………………………………… 11

第二章 国内外相关研究文献综述 …………………… 13
  2.1 空间生产理论的相关研究 ………………………… 13
    2.1.1 空间生产理论的概念与起源 …………………… 14
    2.1.2 空间生产理论的发展 …………………………… 16
    2.1.3 空间生产理论在户外广告研究方面的运用
    ………………………………………………………… 19
    2.1.4 空间生产理论的研究小结 ……………………… 19

2.2 户外广告效果的相关研究 …………………………… 20
　　2.2.1 户外广告效果评估指标的研究 ………………… 21
　　2.2.2 户外广告效果评估的研究模式 ………………… 26
　　2.2.3 户外广告效果评估研究小结 …………………… 29
　　2.2.4 关于户外广告效果评估的研究展望 …………… 30
2.3 户外广告空间优化的相关研究 ……………………… 31
2.4 研究述评 ……………………………………………… 36
2.5 本章小结 ……………………………………………… 37

第三章　户外广告空间场景及交互模式应用研究 …………… 38
3.1 户外广告空间场景 …………………………………… 38
　　3.1.1 大空间声画场景 ………………………………… 39
　　3.1.2 小空间触控场景 ………………………………… 40
3.2 户外广告交互模式 …………………………………… 44
　　3.2.1 基于信号感应的户外广告交互模式 …………… 44
　　3.2.2 基于声音识别的户外广告交互模式 …………… 46
　　3.2.3 基于图像识别的户外广告交互模式 …………… 48
　　3.2.4 基于地理位置服务的户外广告交互模式 ……… 50
3.3 户外广告交互模式在空间场景的应用 ……………… 53
　　3.3.1 户外广告展示终端的新载体 …………………… 53
　　3.3.2 受众交互方式与内容的多元化 ………………… 57
　　3.3.3 户外广告营销模式的新业态 …………………… 59
3.4 户外广告交互模式在空间应用场景运用的意义与
　　价值 …………………………………………………… 61
　　3.4.1 交互模式在户外广告空间应用场景中运用的
　　　　　意义 ……………………………………………… 61

3.4.2　交互模式在户外广告空间应用场景中运用的
　　　　　　价值 ································· 64
　3.5　本章小结 ······································ 68

第四章　户外广告受众空间交互数据获取及算法实现 ········· 69
　4.1　户外广告受众空间交互数据分类 ···················· 70
　　　4.1.1　受众与户外媒体交互位置数据 ··············· 70
　　　4.1.2　受众与户外媒体交互地点-时间数据 ·········· 74
　　　4.1.3　受众与户外媒体交互速度数据 ··············· 75
　4.2　户外广告受众空间交互数据获取的技术路径 ·········· 77
　　　4.2.1　GPS 定位技术 ···························· 77
　　　4.2.2　蓝牙与惯导融合定位技术 ··················· 79
　4.3　受众空间交互数据算法实现 ······················· 82
　　　4.3.1　算法基本理论 ····························· 82
　　　4.3.2　基于蓝牙和惯导融合的精准定位算法 ········· 84
　　　4.3.3　实验结果与分析 ··························· 88
　4.4　研究结论 ······································ 91
　4.5　本章小结 ······································ 92

第五章　基于空间交互的户外广告受众偏好及广告效果研究
　　　　　　 ··· 93
　5.1　基于户外广告浏览偏好的广告效果评估研究 ·········· 94
　　　5.1.1　户外广告浏览偏好评估指标体系 ············· 94
　　　5.1.2　基于 TOPSIS 分析方法的数据样本分析 ······· 96
　　　5.1.3　分析结论 ································ 105
　5.2　户外广告信息属性对消费者购买意愿的影响 ········· 106

  5.2.1 理论基础与假设 ……………………………… 107
  5.2.2 研究模型 ……………………………………… 112
  5.2.3 数据分析与假设检验 ………………………… 115
  5.2.4 分析结论 ……………………………………… 121
 5.3 本章小结 …………………………………………… 122

第六章 户外广告资源优化配置模型及算法研究 ……… 124
 6.1 户外广告空间资源管理现状 ……………………… 125
  6.1.1 户外广告空间资源存在的问题及整治措施 …… 125
  6.1.2 户外广告资源配置优化的价值 ……………… 127
 6.2 基于混合协同粒子群算法的资源优化求解 ……… 128
  6.2.1 问题描述与模型建立 ………………………… 129
  6.2.2 算法基础 ……………………………………… 131
  6.2.3 协同混合粒子群算法及流程（CHPSO） …… 134
 6.3 样本仿真实验及分析 ……………………………… 137
 6.4 研究结论 …………………………………………… 140
 6.5 本章小结 …………………………………………… 141

第七章 研究结论与展望 …………………………………… 143
 7.1 研究结论与启示 …………………………………… 143
  7.1.1 提出户外广告空间交互数据获取算法，为户外广告资源配置优化提供数据支撑 ……………… 143
  7.1.2 针对户外广告受众浏览偏好进行研究，为户外媒体运营商及广告商提出媒体评估方法 …… 144

目录

　　　　影响,有助于户外广告的传播效果提升 …… 145
　　7.1.4 设计户外广告资源配置优化模型及算法,
　　　　　为提升户外广告空间优化提供科学依据 …… 146
7.2 研究局限与展望 ……………………………………… 147

第一章
绪　论

　　近年来,报纸、杂志和电视等传统媒体在新媒体的冲击下,受众数量和经营业务受到严重影响;面对挑战,业界与学界对传统媒体的数字化转型升级不断进行讨论及探索。然而在传统媒体形态中,户外媒体仍然保持着平稳增长的发展趋势。户外广告的发展和成功,很大程度上要归功于户外媒体能够接触到越来越庞大的可测定的受众。随着人们旅行和休闲活动的增多以及高新科技的广泛运用,户外广告成为广告主营销推广的有效模式。

　　目前,户外广告早已突破了形式单一的店招式广告牌类型,出现了更多的新型户外媒体,如地铁站广告、电梯广告、高立柱广告、墙体广告、楼顶广告、LED显示屏等。公众对户外广告有效信息越来越高的要求和政府对城市空间的管制,已经成为制约户外广告发展的瓶颈,导致从业者对如何进一步合理开发、管理与营销户外广告产生了迫切的需求。大数据时代的来临,使得户外广告的利用率得到了质的提升,基于大数据与互联网技术的新型户外广告正在出现。本书基于空间生产理论,广泛采集受众数据,深入调查户外广告的空间属性对受众的态度、购买意向的影响,以此分析受众的浏览偏好,并通过建立优化计算模型提出户外广告的投放优化策略,以期对户外广告的发展有所助益。

1.1 研究背景及意义

1.1.1 研究背景

户外媒体是一种传统且行之有效的媒介形式,各个交通枢纽、商业社区、通勤地区、户外广场、楼群密集之地等都是其常设置的地点。在传统媒体时代,电视、电台、报纸等是品牌发声的"扩音器",媒体充分利用了"大众媒介"的魔弹效应,可以轻松地吸引受众的注意力,从而实现高到达率和高转化率。而在当前,受众信息接收的碎片化趋势越来越严重,受众的注意力分散在各个平台、各个媒介、各个元素上,并且有愈演愈烈的态势。户外媒体因具有与受众的接触距离近、受众数持续增长等特点,成为广告业中的佼佼者。

盟博广告集团旗下的媒体投资部门 Magna Global 的研究指出,近年来户外广告的年平均增长率达到 4%,成为除数字媒体和电视广告之外广告支出增长的最大贡献者之一。对户外媒体的选择与广告效果的评估是最大限度达到广告营销预期目标的保障措施,同时也是为刊登广告而支付大量费用的商家最关心的问题,这已成为企业营销管理的重要环节。

从现有的理论研究与实际操作来看,对户外媒体的评估都是在空间生产理论的基础上追求所谓"有效性",即对媒体受众进行评估,主要是一些"量化"的"环境衡量",包括千人成本、人流量、可视机会(可视距离、可视角度)等要素,以"成本"来计算"曝光率";而对户外广告效果的测评,则是通过基于消费者认知度的市场调研,包括受众数量,受众对户外广告的画面、色彩、文字、内容、含义、创意等的喜好、感知与信服,以及购买意向度、社会影响等多方面进行综合评价。

然而,基于现有测评方法与测评模型所采取的户外媒体营销传播策略存在明显不足:对户外媒体的受众主体行为,目前仅依靠单位时间内的观测法、调研法及部分摄像监控进行统计,缺乏科学的数据统计方法以及在此基础上进行的数据挖掘,导致对广告媒体的选择与广告效果的检测存在较大漏洞。大数据技术的发展,使互联网媒体受众的行为数据得以被深度分析与挖掘。通过对用户在网站的搜索、浏览、收藏、购买、点评和退换货等行为的统计分析,可以成功了解互联网媒体受众的偏好;甚至通过收集分析其在第三方网站上的相关行为,例如比价、评测、讨论、互动等,都有助于互联网媒体采取措施提升用户黏性、有效促进销售。

由于户外媒体本身无法记录受众行为数据等限制因素,因此其迟迟未进入大数据时代。但随着移动互联网技术应用的发展与普及,使户外媒体受众大数据的社会化生产及挖掘成为可能,进而可实现对受众偏好的精准分析。如今,户外媒体行业的成长的点将更多地来自技术领域。特别是当户外广告媒体与云端程序、个人热点等移动技术和大数据技术之间的整合日趋增强,媒体形态的转变为户外广告设计与投放的探索提供了新的策略模型和研究范式。在未来,还会有更多新科技被人类解锁,数据的互通互联,可以使户外媒体运营商获得更具体的受众行为数据,从而实现精细化、精准化的户外媒体市场定位并适时更新。广告主也已开始尝试通过大数据分析来评估户外广告的投放效果,并采用很多创新的交互模式来吸引消费者的注意并与之互动。户外广告这种基于大众出行的场景,借助较为封闭的出行载体的营销模式,更能轻松地突破线上与线下的壁垒,高效触达受众且易于与之持续互动;这给了广告主和户外广告行业更多的创意空间,也让品牌商开始探索户外媒体的更多创新性价值。因此,基于空间生产理论的户外媒体受众行为大数据社会化生产研究,对户外广告营销策略的优化具有一定的理论和实践意义。

1.1.2 研究意义

随着移动互联及智能物联技术的迅猛发展,处于产业变革阵痛中的户外广告有了前进的方向,过去单张图片或者静止状态的广告牌、灯箱广告等户外广告表现形式,逐渐转变为更注重广告的传播效果、互动效果、购买力转化等方面。在众多媒体形式中,户外媒体依然保持了传统媒体强制到达的优势,成为最能吸引受众注意力的媒体之一。通过数字技术等手段,户外广告焕发出了新的生机,可充分调动受众的听觉、视觉、触觉等多种感官,更有效地进行品牌信息的传递。进入新媒体时代,我国户外媒体的发展也进入了新的阶段,广告投放增长量持续上升,户外媒体的形式和效果各具特色;但在精准测算广告效果、了解影响受众购买力的关键因素、媒体运营企业应如何长远规划与投入建设户外媒体资源,以及如何更好地结合大数据技术进行转型升级等方面,诸多问题仍有待深入探究。

1.1.2.1 本书建立了利用大数据分析户外广告效果的有效方法,是对户外广告效果研究的深化,有助于形成大数据时代的户外广告新理论框架体系

户外广告是人类所知的最古老的大众传播媒介之一。在过去的几十年中,户外广告领域发生了相当大的变化,它已经发展成与其他所有形式的广告一样强大的媒介;即使目前许多传统广告媒体行业都在苦苦维持日益下滑的业务,户外广告行业仍然呈现逐年上升的趋势。事实上,不少企业每年在户外广告方面,动辄有数千万到上亿元的投入。为能精确掌控营销效果,广告行业及学术界在户外广告效果研究方面都在不断进行探究。

目前对户外广告效果的研究存在以下问题:零散概念探讨多,缺乏成体系的完整研究,研究方向集中于用户认知度调查,缺乏用户与户外媒体的空间交互数据研究;研究方法上多运用简单的统计法与市场调查法,缺乏建模及算法的应用;此外跨学科领域的交叉研究比较缺乏。本书的研究将互联网技术、用户行为数据挖掘的新方法与传统的传播理论相结合,整合多领域研究内容,综合运用多种研究方法,提出了一套相对完整的策略量化方法论,以新的数据研究模型,在户外广告效果研究方面做了全新的尝试。

1.1.2.2 本书系统化分析了户外广告与受众之间的交互机制、受众的浏览偏好与决策影响,丰富了户外广告绩效评测理论

随着我国经济的快速发展,户外广告行业市场呈现良好增长态势;特别是在传统媒体广告市场的份额急剧下降之际,户外广告依靠到达率高、受众广、互动性强的特点而受到广告主的青睐。由于户外广告空间资源开发的有限性,使户外广告资源价值的精确测算在社会价值与经济价值方面都具有重要意义。户外广告运营公司可以根据户外广告资源优化配置,更加科学有效地制定户外广告媒体的出售价格策略,从而更好地为公司赢利。同时,广告主也能在完成营销目标的基础上节约成本、提升效率,促进户外广告行业各相关方有效、合理地利用媒体资源创造更多价值。此外,户外广告行业要有序发展,需要政府加强城市规划管理,通过对户外广告资源的精确测算,促进改善城市面貌,提升城市空间利用的有效性,以推动行业长期、稳定、健康发展。

1.1.2.3 本书提出了户外广告投放优化的策略与方法,为户外广告设置管理、建设投入提供了科学依据

目前关于互联网广告投放优化决策的学术研究越来越多,但由于户外媒体仍然属于传统媒体类型,因此就户外广告而言,从空间效果评估到受众数据获取,都还在随着互联网技术及大数据技术的逐步应用而不断完善,进而完成数字化转型。在此背景下,通过有效的数据采集最大程度地保证数据的客观性及特征,进而准确、便捷地处理用户行为数据,能够提升空间受众群体数据挖掘的精确性;同时,基于受众行为大数据社会化生产的空间生产理论,形成户外媒体效果的测评体系,能够帮助企业建立更高效的广告营销策略,树立企业品牌良好形象,提升媒体运营商对户外媒体的管理能力,在节约营销费用的基础上有效提升传播效果,为品牌营销决策提供可被量化的参考与决策依据。

1.2 主要研究工作

1.2.1 研究内容

本书在移动互联网定位技术的方法基础上,进行受众大数据的收集、挖掘与分析,对受众大数据与户外媒体选择指标及广告效果评估进行建模,进而建立广告营销优化策略研究体系,克服了普通空间生产理论有关市场调查法的局限性,提升了媒体选择的准确性和有效性;同时利用数据挖掘技术,从用户行为大数据中发现隐藏的规律,对户外广告营销策略提出基于空间特征的测算模型。研究内容主要包括:

(1) 户外媒体受众大数据社会化生产与挖掘分析。通过移

动互联定位技术,对户外媒体所在区域的受众数据进行挖掘与分析,以解决户外媒体空间交互数据获取的难题;在传统空间生产理论的基础上,运用社会学及情报学的最新分析方法,以科学严谨的结果还原媒体价值。此外,本书还运用公众调查分析方法进行对比,对户外媒体选择策略的制订具有实际的指导意义。

(2)分析户外广告受众浏览偏好及广告效果评估。通过对用户意愿的挖掘,对各类空间位置的户外媒体效果评估与建设发展提供指导方法。受众喜欢浏览何种类型的户外广告、通过什么形式浏览最受欢迎、什么位置最容易被受众接受、什么因素影响受众对户外广告的态度、什么社会属性与户外广告效果是关联的,等等,这些对户外媒体运营企业及广告主均具有针对性的意义。

(3)户外广告信息属性对消费者购买意愿的影响研究。基于大数据挖掘的广告营销以"精准挖掘用户习惯或需求"为指导原则,进一步分析了户外媒体的空间交互影响因素。通过调研法验证分析户外广告信息属性对消费者购买意愿的影响,采用多元回归分析方法来进行假设检验,帮助企业以更具吸引力的信息属性提升广告效果、促进公众认知,树立企业良好的品牌形象。

(4)建立户外广告优化投放决策模型。利用综合算法及数据处理,建立基于用户大数据的户外广告投放优化决策模型。运用该模型及算法,通过大数据方法提升广告主利用户外媒体的营销能力,在有限的媒体空间资源上,既满足了广告主的投放需求,又能使户外媒体运营商获取最大收益,为空间资源有限的户外媒体行业的规划与发展提供了测算依据。

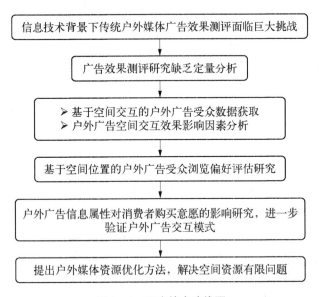

图 1-1 研究技术路线图

1.2.2 研究方法

1.2.2.1 文献研究法

文献研究法通常要经过5个步骤才能完成：提出课题或假设、研究设计、搜集文献、整理文献、查阅文献。文献法的主体或假设是指根据现有的理论、事实和需要，对相关文献进行分析、整理或重新分类。本书主要利用中国知网全国学术期刊全文网（CNKI）和读秀下载相关文献资料，分析与本书主题相关的研究成果。通过大量检索、查阅相关的研究文献和研究数据，把握新媒体用户行为分析研究的前沿问题，并运用相关理论和已有研究成果，进行本书的研究。

1.2.2.2 统计分析法

将获取的数据通过公式、图像化等手段进行处理以反映结论。

第一章 绪 论

统计分析法是进行实证研究的重要方法,通过 SPSS、SAS 等数据分析软件处理搜集来的数据,可以直观系统地得出结论,验证思辨的假设是否正确。统计分析法可以预测和解释数据的未来发展走向。本书以移动互联网定位技术的方法进行用户大数据的收集,通过用户数据来揭示各指标量之间的差异,既包括随着时间推移的纵向比较,也包括对传统方法之间的横向比较;运用数据统计对数据的相关性和回归性进行有效分析,探究用户大数据与空间生产理论之间的相关性,分析用户偏好与营销效果的乘数效应。

1.2.2.3 问卷调查法

问卷调查法就是用调查表或者询问表的方式来调查的方法。问卷调查是用问题的方式来系统地记录调查内容,是人们在社会调查活动中用来收集资料的一种常用方法。研究人员通过问卷的发放和回收分析将研究问题进行定量分析,以获得相应的研究结果。本书运用问卷调查所获得的数据来分析户外广告的效果、信息属性对购买意愿的影响等,从而把握受众对户外广告的偏好,在此基础上制订相应的投放策略。

1.2.2.4 用户行为大数据分析方法

用户行为大数据由 5 个元素构成:时间、地点、人物、交互、交互的内容。通过大数据对用户行为进行分析,要将其定义为各种事件[①]。本书的事件为户外广告受众对户外媒体的感知。在大数据的支持下获得媒体访问量的基本数据,对有关数据进行统计、分析,从中发现用户访问媒体的规律的方法,便是用户行为大数据分析方法。本书通过定位算法,收集用户行为进行大数据测算分析,为研究提供更为科学有效的数据。

---

① 刘效岑.爱奇艺会员制营销问题优化研究[D].北京交通大学,2018.

1.2.3　创新点

（1）在数据获取方法上，移动终端与传感器技术的普及使得位置信息成为互联网移动应用中的核心要素，嵌入式传感器和基于各类信号的定位技术的发展使得用户基本信息及用户位置的记录功能得以实现。此外，随着各行业的大数据建设，以及受众信息数据的社会化生产，使户外媒体受众行为大数据的抓取与挖掘成为可能，从而使基于空间生产理论的户外媒体效果研究可以用全新的方法进行实验。本书提出了一种通过蓝牙与惯导的计步器定位技术相融合进行精准定位的算法，避免了蓝牙指纹定位和惯导定位两种定位算法存在的固有缺陷。该方法能够实现较好的精准定位效果，解决了指纹定位反复回跳以及拐弯处定位不准的问题且便捷易行，提供了较为稳妥的户外广告受众空间交互数据的获取方法。

（2）在机制研究方面，本书结合户外广告的特性，基于LBS服务和大数据技术，提出媒体运营方能够通过广告资源优化配置，在满足广告主要求、达到广告营销预期目标的基础上，产生最大化的收益，突破传统双因素模式的局限性，对发展广告效果理论和实践都具有良好的应用价值。

（3）本书首先从户外广告这一视角研究了广告信息属性对消费者购买意愿的影响，通过构建"户外广告信息属性—感知价值—消费者购买意愿"的作用路径，丰富了关于广告信息的研究内容。其次，深化了对消费者感知价值的理解。本书探讨了户外广告信息属性对消费者感知价值的作用，有利于拓展感知价值影响因素的研究范畴。最后，本书考察了品牌熟悉度在户外广告信息属性与消费者感知价值中的调节效应，以及对中介效应的调节作用，进一步丰富了有关品牌熟悉度的研究视角。

1.2.4 研究框架

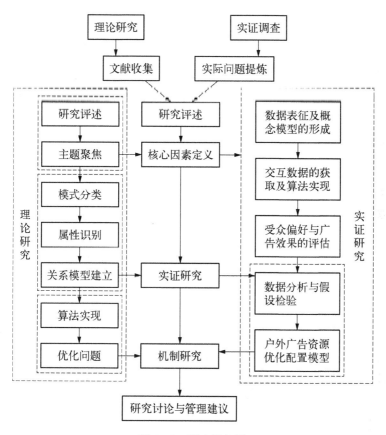

图 1-2 研究框架图

1.3 本章小结

在信息化的大背景下,户外广告不仅是广告商宣传产品的渠道之一,也是收集受众数据的方式,这些数据反过来也可以为广告商提供更优化的产品和广告设计。但是目前对于户外媒体的受众主体行为,仅依靠单位时间内的观测法、调研法及部分摄像监控进行统计并在此基础上进行数据挖掘,缺乏科学的数据统计方法,导致对广告媒体的选择与广告效果的检测存在较大漏洞。通过统计学方法和大数据分析探索户外广告的受众偏好和优化策略,是本书研究的主要目的。本书基于空间生产理论,分析户外广告的受众行为对广告效果的影响、户外广告效果的测量,以及户外广告空间的优化等。

第二章
国内外相关研究文献综述

本书以空间生产理论为基础,因此梳理空间生产理论的起源、内涵、发展和现状将为本书的研究提供一个清晰的思维脉络和理论支撑;同时,对户外广告效果和空间优化研究现状的回顾,也对本书的研究内容、研究方法、研究模型有所助益。

2.1 空间生产理论的相关研究

空间生产理论是西方近代以来关于城市空间研究的极为重要的理论之一,在地理学、社会学、马克思主义学说等学科或学术理论的影响、推动和融合下,由二维的平面化物质空间形态,逐步转向三维立体的时空构造,也是时空三维结构与唯物主义辩证法相统一的产物。自20世纪中叶开始,西方的社会学家将空间、时间和社会糅合,通过这种结合的视角探究社会发展的本质属性,特别是新马克思主义、结构主义、制度经济学的发展,使城市空间研究有了新的角度和研究方向,这就是"空间转向",这种学科交叉研究,使得各个学科的联系更为紧密①。

2.1.1 空间生产理论的概念与起源

法国哲学家列斐伏尔(Henri Lefebvre)认为，空间不是一种表象的事物或者精神概念，如果这样认为，便是对理论和实践、精神和物质之间的割裂。为了弥补这种割裂状态，列斐伏尔批判地吸收了前人的思想，提出了"空间生产"这一概念②。他指出，空间不是非是即否、非黑即白的片面化，而是各类工具、物体在运动产生生产后的辩证统一，生产也是空间中要素、联系、运动、结构的统一，所以空间是生产关系产生的前提和基础。同时，列斐伏尔认为空间具有社会属性，城市是社会的集中体现，因此城市就是研究空间生产的最有利对象。由此，他将空间生产界定为"主要是表现在具有一定历史性的城市的极速扩张、社会的普遍都市化，以及空间性组织的问题等各方面。"③

从古代朴素唯物主义开始，到近代形而上学，空间一直被视为静止、僵化、具体的形态，是时间的附属品；因时间是一维的、形而上的，所以空间也是形而上的。古希腊哲学家柏拉图指出：所有生命或非生命物体运动和变化的场地就是空间。亚里士多德将空间定义为容器，包容世界上的一切事物。法国哲学家笛卡尔认为，空间是向主体展现认知的外部世界。牛顿、莱布尼茨、康德等人都将空间视为绝对的、先验的。进入现代以后，经过许多学者的阐

---

① 张京祥,邓化媛.解读城市近现代风貌型消费空间的塑造——基于空间生产理论的分析视角[J].国际城市规划,2009,23(1)：43-47.
② 张品.空间生产理论研究述评[J].社科纵横,2012,27(8)：82-84.
③ 列斐伏尔.空间政治学的反思[M]//包亚明主编.现代性与空间的生产.上海：上海教育出版社,2003：47.

释,空间就不再是静止状态,而是辩证的、流动的;也不一定是社会的反映,空间就是社会本身。20世纪80年代是空间生产理论的源起时期,除了列斐伏尔(Lefebvre)外,索娅(Soja)、福柯(Foucault)、卡斯特(Castells)等学者也先后提出了关于空间生产的观点。索娅提出空间不是独立的、完全具有自主性和支配性的,也不是生产关系的衍生品或附属品、没有自主意识,空间就是生产关系的一部分,空间不是容器而是产物,具有部分能动关系。卡斯特提出"空间即是社会"的观点,认为空间不是独立于物质世界和精神世界的,空间的表象性是存在于生物感知之中的,具象的符号、图像、音像,抽象的观念、意识、思维等形成了生物对空间的认知。简而言之,20世纪的社会学家普遍认为空间是社会性的,社会塑造了空间。从研究角度来看,空间的分析具有很重要的意义,后来有很多学者将消费和空间结合,形成了消费主义的"空间生产"。

当然,考察空间生产理论的起源,最具影响力的还是列斐伏尔,他也被称为空间生产理论的创始人。列斐伏尔曾在1978年出版《资本主义生存》,认为资本主义没有消亡而依然生命旺盛的原因,就是资本主义对空间的占有——不光是土地、机器等生产资料,还有抽象意义上的空间——对其进行生产和再生产,获得剩余价值,榨取剩余利润。因此,城市空间是资本家获取巨大利润的主战场,是资产阶级获得统治权的主阵地;不仅如此,空间本身也是利益之一,是资本家追逐的主要对象。列斐伏尔的空间生产理论已经突破了物质基础部分,更偏向于社会学或者政治经济学范畴,含有浓厚的意识形态意味;他的空间生产理论也囊括了复杂的社会关系,即资本主义社会关系和生产关系的整合。列斐伏尔是一位马克思主义者,因此他的空间生产学说也是运用马克思主义基本原理进行阐释的。在此之前,哲学家和社会学家们还没有从马克思主义的角度看待空间问题,而马克思主义者们也没有将空间生产纳入马克思主义理论体系中,列斐伏尔则将它们融合在一起,通过空间与地球村、城市化、居民生活的糅合,为后人启发了无数的研究点,对人类重新认识马克思主义思想体系中的空间维度及其当代价值具有重要的借鉴意义[①]。长久以来,人类一直被线性的时间维度所左右,忽略了空间的作用与意义,轻易地将它理解为容器和载体。在科研层面,空间也只是局限于地理、建筑等自然科学领域,人文社科学者涉猎很少,而列斐伏尔通过跨学科交流的方式,将空间纳入了政治学和社会学范畴。列斐伏尔认为空间是一个有秩序的社会关系的产物,它具有两个关键要素:全球化和城市化。空间生产的内容之一就是在全球化和城市化的进程中进行资本主义生产,扩展开来就是空间的发现、设计、利用、改造、再利用的循环往复的过程。

2.1.2 空间生产理论的发展

新城市社会学这一学说的产生时期虽然与列斐伏尔提出空间生产理论的时间点相近,但是在后来的发展中,新城市社会学借鉴吸收了空间生产理论,开始分析研究城市空间中的资本主义社会关系、社会阶层、暴力机器、财富累积等内容,并形成了不同的流派:一是与列斐伏尔一脉相承地运用马克思主义理论和方法研究城市空间,被称为新马克思主义学派;另一个是受德国社会学家韦伯影响和启发的新韦伯主义学派。新马克思主义学派仍旧批判资

---

① 李春敏.列斐伏尔的空间生产理论探析[J].人文杂志,2011(1):62-68.

本主义,着力探求资本主义城市空间的政治经济因素,将资本主义的政治制度、经济动因、文化诉求、国家安全等要件通过空间生产理论进行阐释,从而探索资本主义发展的原因并对其进行批判。新韦伯主义学派与新马克思主义学派的不同之处在于,新马克思主义学派是将城市包含在资本主义制度之下,而新韦伯主义学派则将城市独立出来,运用韦伯的科层制、市场情境理论等重要观点,得出市场竞争和科层制是导致资本主义城市资源稀缺的主要原因。当前研究空间生产理论的学者认为,空间既是社会关系活动下的产物,又是未来社会关系变化的基础和前提。空间可以是社会关系和实践活动的具象化形态,在该空间下进行人类生产时,既有便利也有局限,这些局限会产生矛盾,矛盾对立产生运动,这就是否定之否定的螺旋上升含义,也是它的普遍性。空间生产也同样具有特殊性,不同的城市空间会造成不同的社会实践,形成截然不同的社会关系,这就产生了差异性和不平衡性[1]。将空间生产理论引入对发达地区和欠发达地区的对比研究,是一个很好的契合点。

  一直以来,城市被认为是研究空间生产的最好对象,但是乡村的复杂和多样性,同样也可以为空间生产理论提供新的研究思路。与紧张的城市生活不同的是,乡村生活是缓解巨大社会压力的良好处所,乡村的相对独立性、表达方式的差异性、日常生活的多样性体现了乡村空间的三元组框架[2]。学者们还探讨了乡村生活的权力分配、社会行动者的能动性等问题,与城市空间具有一定的差

---

[1] 尼尔·博任纳,邱婴芝,李志刚.城市化的观点[J].国际城市规划,2016(1):8-18.

[2] 韩勇,余斌,朱媛媛,卢燕,王明杰.英美国家关于列斐伏尔空间生产理论的新近研究进展及启示[J].经济地理,2016,36(7):19-26,37.

异度。

微观尺度下的城市空间也是空间生产理论的新近热点,城市广场便是其主要研究对象。受众通过在广场的日常行为构筑了广场空间生产,在这空间中既有受众固有的行为模式,也有偶发性冲突,这些因素都是很好的研究案例。城市广场是一个充满受众复杂行为的聚集点,从微小的个体行为到中观的公共空间,再到宏观的政治经济因素,都为研究空间生产提供了无尽的素材和启发。

经过多年发展,空间生产理论已经较为完备和成熟,目前学者们多运用其作为理论基础研究城市空间的各类对象,即运用西方理论进行本土化研究。我国学者通过不同的研究主体寻求理论的适用性,既拓宽了研究领域,也丰富了研究内容。张京祥等(2009)[1]通过空间生产理论,对近年来我国城市出现的以近代历史为卖点的消费空间进行了解析,认为这其实是一种利益驱动的空间生产行为,近代历史空间也演变成了符号化的消费空间,不仅没有做到对历史文物的保护,反而是对空间生产的破坏。对此,也有学者对其进行了深入探讨,如朱昭霖等(2018)[2]指出在空间生产的理论视野中,历史街区具有物质、精神和社会三重属性,是物质空间、精神空间和社会空间的辩证统一。而城市在不断的拆建重塑过程中,反而导致了历史街区空间文化的消亡、公共意义的减缩,以及社会关系的巨变。研究者以北京杨梅竹斜街的更新为例,阐述了空间生产理论在物质空间、精神空间和社会空间的统一

---

[1] 张京祥,邓化媛.解读城市近现代风貌型消费空间的塑造——基于空间生产理论的分析视角[J].国际城市规划,2009,23(1):43-47.

[2] 朱昭霖,王庆歌.空间生产理论视野中的历史街区更新[J].东岳论丛,2018,39(3):173-179.

下,追求空间与城市权利的和谐。

2.1.3 空间生产理论在户外广告研究方面的运用

户外广告与空间的紧密程度不言而喻,空间生产理论阐释的社会关系也适用于户外广告受众的行为偏好,由此运用空间生产理论作为本书研究的基础是较为合适的。但是通过文献检索发现,运用空间生产理论讨论户外广告的文献较少,陈相雨等(2017)[①]认为近年来户外广告的激增成为城市空间特有的景观视域,究其本质而言,这是广告商也就是资本凭借户外广告对城市公共空间的侵占和掠夺,是商业利益驱动下对公共性的倾轧和不公待遇,这造成了城市空间的分割化和市民感知的浅表化,希望城市管理者维护公共利益,辅以技术层面的精确测量,适度管控重构户外广告与城市空间的良好联系。另有学者运用空间生产理论,分析城市户外广告媒体的产生机理,解释空间生产中媒介资源的配置和优化,通过对比资源配置的不同,研究城市户外广告媒体监管中的关键环节和冲突产生的根源,并希望以此对城市户外广告进行更深入的透视并探析其协调机制[②]。

2.1.4 空间生产理论的研究小结

空间生产理论产生于西方大力发展城市化的黄金时期,学者们敏锐地观察到了空间维度对城市化的影响,由此将城市空

---

① 陈相雨,赵韵文,张银柱.户外广告与城市空间:溢漫、演化及其影响——基于芝加哥学派城市生态学理论的分析[J].上海城市管理,2017,26(3):23-28.

② 谢加封,沈文星.空间生产理论与城市户外广告监管[J].城市问题,2012(7):73-78.

间与社会关系紧密联结了起来,并以动态的视角探寻空间与社会的变化。空间不是容器,是与我们融为一体的社会关系。与时间相比,空间的变化更为缓慢且不易察觉、潜移默化,因此学界相对忽略了对空间的研究。哲学家将社会学和空间融合,以新颖的角度看待社会变迁,是一次具有重大意义的尝试,同时也为现代研究提供了科学合理的分析视角和研究手段,为以后的城市空间领域各类对象的研讨提供了新的思路。然而,在户外广告与城市空间的关系上,学者们多数是从批判角度进行探讨,鲜少运用空间生产理论分析户外广告的受众群体偏好与投放优化策略。

2.2 户外广告效果的相关研究

户外媒体选择与广告效果评估是最大程度达到广告营销预期目标的保障措施,同时也是为刊登广告而支付大量费用的商家最为关心的问题,并成为企业营销管理中重要的环节。在大数据商业背景下,通过总结梳理户外广告效果评估方法的研究成果,进而优化户外广告效果评估方法,这对丰富广告效果理论以及指导户外广告的投放实践,均具有积极的促进作用。

广告效果是指广告信息通过媒介传递给受众,其内容和形式等要素对受众产生的相应影响——包括受众的认知、心理和行为的变化。由于受众的特点和属性具有很大的差异性,因此对广告信息的接受程度和消化程度也各不相同,广告的效果和作用也是差别很大。

广告效果有多种分类维度,较为流行的是分为瞬时效果、近期效果和远期效果①。根据效果的不同分类,其影响因素(指标)也各不相同,因此指标确定后,一般采用层次分析法、多级模糊综合评价法进行评估,用以确定评估指标中的各指标权值以及指标效果。因此,户外广告效果评估研究脉络可以分为两部分:评估指标的分析和研究模式的运用。

2.2.1 户外广告效果评估指标的研究

2.2.1.1 主观因素

在户外广告效果评估指标中,主观因素主要是指户外广告的形式、内容设计和广告主的品牌等与广告主体相关的因子。学者们首先从户外广告评估指标的原则对其做了相应探讨。杨柳(2016)②以合肥市磨店社区的户外广告作为案例进行分析,认为户外广告的效果与景观性、示范性和操作性有关:景观性是指广告的设计与周围环境的融合程度;示范性是指广告内容具有代表性和典型性意义;操作性则指广告的形式不宜过于复杂。高新琦(2010)③提出了户外广告的设置原则,并将此作为评估指标的参考,主要原则包括:整体性原则,即广告间的和谐程度;适宜性原则,指视觉上的匹配度和形式上的可操作性;活力性原则,是对于夜景活力的氛围营造;特色性原则,指与广告主自身特色相结合。

户外广告的形式、内容、画面和产品类型等设计层面的要素是广告效果评估指标的重要研究对象,不少学者也对此进行了相应

---

① 陈萌婕.广告效果评估体系研究[D].山东大学,2009.
② 杨柳.城市户外广告载体及展示效果研究——以合肥新站区磨店社区为例[J].赤峰学院学报(自然科学版),2016,32(11):64-65.
③ 高新琦.城市商业街户外广告设置研究[D].中南大学,2010.

的分析。顾伟(2012)①分析了户外广告的评估指标,包括广告主的认知和态度、传播内容、文案设计、图形视觉、色彩搭配等因素,受众的感知环境、文化背景和对品牌的预先态度等。曹灿(2010)②总结了户外广告效果的影响因素,包括户外广告的形式以及户外广告的展露位置和时间。郑芳菲(2016)③采用问卷调查的形式搜集信息,经过 SPSS 的信度分析、因子分析和频数分析,发现影响户外广告展示效果的主要因素有色彩搭配和制作工艺。林诗宇(2013)④将广告设计和产品类型作为影响户外广告传播效果的主观指标,提出需要对户外广告所在地区和时间进行灵活把控、有效创作和动静结合,才能提高其传播有效性。陈文恺(2015)⑤从广告主的角度出发,通过问卷调查的形式研究了高铁站内的广告空间价值,发现产品的吸引力和形式以及产品类型对受众具有显著影响。郭晓琴等(2011)⑥采用问卷和资料分析的方法,对乌鲁木齐市户外广告传播效果进行了分析,发现受众对户外广告的关注度较低,并且户外广告的画面以代言人形象和平面广告为主,这种形式增强了代言人的广告效果,但削弱了户外广告形

---

① 顾伟.基于 5W 理论的城市户外广告效果影响因素分析[J].商业经济,2012(2):28-29.

② 曹灿.论户外广告的效果研究[J].中小企业管理与科技(下旬刊),2010(11):126-126.

③ 郑芳菲.基于因子分析的商业街户外广告展示效果研究——以合肥淮河路步行街为例[J].赤峰学院学报(自然科学版),2016,32(12):44-46.

④ 林诗宇.户外广告传播效果的提升策略[J].现代经济信息,2013(15):380-380.

⑤ 陈文恺.我国高铁站内广告空间价值评估研究[D].北京交通大学,2015.

⑥ 郭晓琴,艾维依.乌鲁木齐户外广告传播效果分析[J].新闻世界,2011(5):177-179.

式的作用,受众对代言人的认知是其产生购买意愿和购买行为的主要动因。

也有学者认为不光户外广告设计层面的指标需要考察,技术和附加值等因素也应包含进去。张晓斐(2014)[1]认为户外LED广告价值的内在影响因素有广告媒介的规制,如形状大小、视觉冲击力等,品牌影响即广告主的影响力,具有品牌效应的广告商会降低营销成本和扩张风险;户外广告的技术更新,新技术的采用对消费者的行为具有推动作用;功能附加值,指增加公益和社会信息的发布可使观看者一定程度上忽略广告的营利性。同时文章还指出现行的评估指标存在不完整性,还可加入人机互动带来的宣传有效性和促进效应考察、媒体运营商(户外广告位置销售者)的品牌价值和广告内容的差异性。

2.2.1.2 客观因素

在户外广告效果评估指标中,客观因素是指户外环境、城市文化和经济实力、受众心理和行为等与广告相关的外在因素。户外环境指的是广告周边环境,包括所处位置、建筑设施、附近同类广告数量、人车流量等,这些都是影响户外广告效果的主要外在因素,相关的学者研究也较为集中。张晓斐(2014)[2]认为广告位置及其周边环境对广告效果具有较大的影响力;人车流量和可视距离也是重要的研究指标。林诗宇(2013)[3]将环境状况和统计测评的方法作为影响户外广告传播效果的客观指标。顾伟(2012)[4]认

---

[1] 张晓斐.户外LED广告的定价策略研究[D].陕西师范大学,2014.
[2] 张晓斐.户外LED广告的定价策略研究[D].陕西师范大学,2014.
[3] 林诗宇.户外广告传播效果的提升策略[J].现代经济信息,2013(15):380-380.
[4] 顾伟.基于5W理论的城市户外广告效果影响因素分析[J].商业经济,2012(2):28-29.

为受众的感知环境、文化背景和对品牌的预先态度与户外广告的传播效果有较强关联。杨燕(2007)[①]指出户外广告产业人才积累依然较为匮乏,专业化程度偏低;户外广告销售模式固定单一,以出售空间位置为主,价格的指标主要是位置和面积,过于死板;现有的评估指标也主要是人车流量,因为这两个参数可以分析户外广告的注目率,因此评估指标未有突破。卢振忠(2007)[②]强调千人成本(CPM)是户外广告效果评估极为常见的参数,即将户外广告位每日的价格除以相关户外广告位的每日有效人车流,再乘以1 000后得到的一个数值;除此之外,地域、位置、视距、环境、可视时间、风险等因素也应加入考量。吕琳(2016)[③]以移动互联网时代为背景考察了影响户外广告效果的因素,主要有户外广告的环境——周围建筑物过于密集使受众失去焦点而降低户外广告的作用,过于稀少又显得极为突兀而产生违和感;互动体验性——通过移动终端与受众进行互动,提高广告的有效传达;以及技术创新性。

除了上述比较具体的周边环境情况的影响,城市总体影响力、行业和政策环境也对户外广告效果具有一定的影响。骆汇子(2012)[④]以广州市重点地段的户外广告为研究对象,分析了户外广告布局的影响因素,主要包括五项:一是经济指标,包含广告所

[①] 杨燕.如何评估户外广告的效果[J].声屏世界·广告人,2007(4):143-143.
[②] 卢振忠.中国户外广告媒体价值评估及广告效果评测的现状[J].声屏世界·广告人,2007(4):141-141.
[③] 吕琳.移动互联网时代影响户外广告效果的因素[J].西部广播电视,2016(10):25-25.
[④] 骆汇子.广州市重点地段户外广告设置初探[D].华南理工大学,2012.

在城市的城市化水平、所在地段的土地商业潜力等;二是文化指标,主要指城市的历史文化积淀;三是环境景观,包括自然环境的构造和环境承载力等;四是功能性指标,包括城市的用地布局、功能分区等;五是政策法规的考量。裴玮艳(2010)[①]以区域传播和受众媒体接触为切入点,研究了户外广告的影响因素,认为第一为经济因素,以城市经济实力和竞争力为主要内容;第二为文化因素,指的是区域的文化背景和审美感知能力;第三为行业因素,指户外广告行业的发展和技术更新;第四为人才环境因素,包括人才的培养制度和智力开发程度。

此外,从受众角度出发,考察受众认知、心理和行为对户外广告效果的影响也具有相当重要的意义。李雅姝(2009)[②]分析了海外广告评估公司的各项指标,发现不同公司采用的指标具有明显的差异性。例如盖洛普咨询公司在评估广告效果时使用的指标包括:吸引读者记住或想起某则广告的能力;受访者对某广告的心理反应或对销售重点了解程度的分析;说服购买产品的能力。日本博报堂广告公司的广告测试系统以 DAGMAR 指标分析销售,这种广告效果测试方法主要涵盖以下七大指标:唤起注目力、唤起共鸣力、促进知名力、促进理解力、魅力显现力、唤起欲求力、酿成企业好感力。赵欣欣(2013)[③]通过对脑电信号进行实验来评估广告效果,将采集的信号数据与实验结束后的问卷调查相结合,分析实验的有效性。因为人脑在处理广告信息时,记忆力和注意力

---

① 裴玮艳.区域传播学视野下城市户外广告传播策略研究[D].苏州大学,2010.
② 李雅姝.城市户外广告效果的评价[D].吉林大学,2009.
③ 赵欣欣.基于 EEG 的广告效果评估研究及其应用[D].杭州电子科技大学,2013.

都会产生能量变化,由此提出广告评估印象指标 G2FP。陈文恺(2015)①认为受众的收入水平和文化程度对广告的效果具有一定影响。陈志贤(2007)②认为户外广告评估的难点在于目标群体有移动性(communicating with people on the move),户外媒体是开放性的,因此要在开放的区域内对移动的目标做出量化评估具有难度;鉴于此,需要考虑质化的评估指标,如受众的行程路线和频次等。

2.2.2 户外广告效果评估的研究模式

通过梳理户外广告效果评估的相关研究,可以发现,现有的研究可归纳为以下三类模式。

2.2.2.1 利用问卷调查采集户外广告效果数据进行实证研究

不少研究者通过抽样调查或发放问卷的形式,实地检验目前户外广告的效果,经过建模等方式建立评估体系,这是目前较为普遍的研究模式。李雅姝(2009)③以长春市户外广告为例,通过分群抽样和问卷调查收集广告效果的相关信息,并通过模糊综合评判法对所采集的数据进行效果评估,结果显示:长春市户外广告效果的经济效应处于中等略微偏上的水平。徐北春(2009)④以长春市户外广告为对象,系统考察了户外广告效果的测评机制:首先应用问卷调查的形式实地统计数据,再从传播、社会、经济三方

---

① 陈文恺.我国高铁站内广告空间价值评估研究[D].北京交通大学,2015.
② 陈志贤.户外媒体的发展与户外广告的效果评估[J].声屏世界·广告人,2007(4):142.
③ 李雅姝.城市户外广告效果的评价[D].吉林大学,2009.
④ 徐北春.户外广告效果测评研究[D].吉林大学,2009.

效果中提炼指标,构建基于 DEMATEL 方法的户外广告效果影响因素辨识模型,按照投入(成本)—产出(收益)的思路,构建户外广告效果测评指标体系,该体系同样运用了多级模糊综合评判方法。

有部分学者同样通过问卷调研分析了户外广告效果的影响因素,为后续的建模提供了参考依据。郑欣(2011)[①]以问卷调查的形式考察了5种户外视频广告的广告效果,认为目前目标群体的覆盖率、到达率、接触率和销售影响力等评估指标存在数据虚高的问题,因此需要对传统指标进行更新和修正,同时应重视城市空间关系及受众形态等研究,才能提出更为科学严谨的评估指标。夏初蕾(2013)[②]通过调研发现,受众对食品和通讯类户外广告的记忆最为深刻,尤其是在青少年群体当中;而老年受众则对酒类和医药保健类产品的户外广告印象更深,因此受众的生活习惯和品牌关联度是影响广告宣传效果的重要因素。

2.2.2.2 通过专家访谈形式考察户外广告效果评估指标

这种模式通过对专业或权威人员进行访谈确定评估指标,再根据层次分析法和模糊综合评判法等进行模型构建。余学飞(2013)[③]严格按照主流广告效果评估的流程,通过小组讨论和专家访谈确定户外广告牌的评估指标,包括户外环境、受众价值、可见机会和投资成本等,再用层次分析法确定各指标的权重,运用模糊综合评判法最终建立了户外广告价值评估模型,最后通过问卷调查的形式对构建的模型进行实证应用。文章也提到了千人成

---

① 郑欣.生活圈媒体及其广告效果探讨——基于五种户外视频新媒体的实证分析[J].中国地质大学学报(社会科学版),2011,11(2):81-87.

② 夏初蕾.郑州市户外广告现状调查及传播效果研究[J].科技传播,2013(11):56-57.

③ 余学飞.户外广告牌价值评估体系构建研究[D].湖南大学,2013.

本、广告现场印象等级、每日有效人车流量等最常见的参数,还介绍了德高公司和尼尔森公司各具特点的评估体系。李忠刚等(2012)①从消费者认知的角度构建户外广告效果测评体系,采用专家咨询法确定了瞬时、认知和社会效果下的各级指标,再用层次分析法确定指标权重,最终建立了评估体系,公式为:广告效果总得分 = $\sum$ 一级指标得分 × 权重,其中,一级指标得分 = $\sum$ 二级指标得分 × 权重。

2.2.2.3 统计户外广告信息并建立数据库

此类模式研究者较少使用,通常是由户外媒体公司进行相应的操作与实施。叶明堂(2008)②详细介绍了分时传媒对户外广告传播效果监测与评估的三个阶段。第一阶段是对户外广告本身固有的传播功能和属性进行探究,先是真实系统地掌握户外广告信息,包括位置、面积、形式、照明情况和品牌影响等数据,将其汇总至分时传媒的 e-TSM 网络数据库系统中;再根据数据深入研究户外广告的传播效果,结果表明户外广告的传播效果存在"三七"现象,即传播有效范围为 3 千米,最佳传播时间为 7 周;最后总结出 11 个评估标准。第二阶段是对广告投放过程进行实时监控和第三方权威验证。第三阶段则是对不同广告个案进行独立研究。文章最后指出自身研究的不足:研究主体过于单一(仅是楼顶射灯大牌),研究对象过于静态化而忽略了对流动人群的测定。

---

① 李忠刚,朱建荣.基于消费者认知的户外广告效果测评体系研究[J].江苏商论,2012(14):285-287.

② 叶明堂."大户外"广告效果探究[J].声屏世界·广告人,2008(11):172-173.

2.2.3　户外广告效果评估研究小结

从相关文献可以看出,学者对户外广告的效果测评研究已经有了较成熟的理论成果,从各角度、各方面的指标进行总结,较全面地展示了户外广告效果研究的多样性和深入性;现有的各类测评方法和测评体系也已被成熟地运用于各研究文献中,取得了较为科学的量化结论,为本书研究工作的展开打下了一定的理论基础。但同时也可发现,目前的户外广告效果评估研究还有较大的挖掘潜力和拓展空间。

2.2.3.1　评估指标偏向从户外广告的设计和环境角度出发

受众角度包括广告的形式设计及户外环境对广告效果的影响等。虽然评估指标的选择主要集中于受众角度,但确定指标的维度较为松散和参差不齐,从具体的广告照明效果到宽泛的城市影响力,各个等级的指标还可能会有交叉串联的影响。质量不一和没有逻辑脉络的评估指标会削弱后续评估模型和体系建立的科学性和有效性。因此,评估指标的确定需要更为系统性和具有逻辑性。

2.2.3.2　评估方法集中于层次分析法和模糊综合评判法

总体而言,专门针对户外广告效果评估的研究文献数量并不算多,从发表年份上看时效性也较差,有关测量方法和构建模型的研究文章仍集中于前几年,因此评估方法与模型较为固定,主要是层次分析法和模糊综合评判法的运用,鲜有更为创新的评估办法。

2.2.3.3　数据获取多采用静态方法

问卷调查是目前户外广告效果评估数据采集的主要方式。问卷调查需要经历资料搜集、样本确立、问卷设计和发放回收、数据分析等一系列过程,耗时较长;在收集样本信息时,得到的数据也是广告投放之后的结果,广告投放中的实时数据并没有被重视,因此采用问卷调查获取的数据具有一定的滞后性。

2.2.4 关于户外广告效果评估的研究展望

在目前的研究现状和技术背景下,对户外广告效果的评估研究可以做进一步的探索。

2.2.4.1 整合扩展评估指标,分析互动性户外广告评估体系

在消费经济时代,户外广告的形式逐渐出现多元化趋势。在户外广告分类中,互动性的户外广告是目前较为新颖、科技含量较高的一种模式,也是户外广告的发展趋势。有学者称其本质为"互动为形、体验为核"[①],强调了体验感和参与感。互动型的户外广告通过结合移动互联网技术和定位技术,极大地增强了受众与户外广告的互动参与性,在激发消费者购买欲望、提升广告商品牌影响力方面具有较好的推动作用。目前学界对互动性户外广告的研究相对较少,多侧重于概念阐述、特征分析、分类描述等一般性研究,针对互动性户外广告的效果评估研究较为鲜见。因此,可以结合现有的评估指标,依据互动性户外广告的特点,增加地理信息、移动数据等指标,在户外广告评估体系中针对互动性户外广告做深入研究。

2.2.4.2 研究方法应随技术进步而更新

以往的传统户外广告由于本身无法记录受众行为数据等限制因素,迟迟未进入大数据时代。当前互动性户外广告成为吸引受众参与广告营销环节的渠道之一,受众的行为与画像可以通过大数据技术及移动互联网进行数据收集。随着各种新技术的应用及

---

① 何晶娇.互动户外广告的创意策略[J].传媒,2013(12):58-60.

发展普及,关于户外媒体受众大数据的社会化生产及挖掘成为可能,进而能对受众偏好实现精准分析。因此随着新技术的开放和使用、新的户外广告形式的出现,关于户外广告效果评估的研究方法也应同步更新,才能构建更为科学严谨的测量评估体系。同时,广告效果的评估应当以最新数据作为研究内容,以实时数据的更新为基本条件,这样才能得出更为准确有效的结论。

综上所述,有关户外广告效果的评估研究还有待进一步深入探索,应当优化整合评估指标,以互动性户外广告为主要研究对象,提出与现有广告形式相适应的具有创新性和科学性的评估方法。实时动态采集流动数据进行统计分析,将是今后研究户外广告效果评估的重要方向之一。

2.3 户外广告空间优化的相关研究

户外广告的投放效率主要依靠空间的有效利用,因此研究户外广告的空间优化有助于提升户外广告的使用率,减少公共空间的浪费与污染。对此已有不少学者提出了自己的见解。

从传统户外广告方面来看,杜明敏等(2014)[1]指出,目前我国人民的生活水平不断提高,文化需求日益增长,公益广告的重要性逐渐凸显,成为构筑精神文明的重要载体之一,其中户外广告又占了很大的比重;但是当前我国城市户外广告充斥着大量商业广告,公益广告的生存空间不容乐观。有学者详细阐述了我国户外公益

---

① 杜明敏,宝昕,王墨晗.城市户外公益广告设计及选址优化研究[J].包装世界,2014(1):6-7.

广告的发展现状，对其投放地点和空间设计提出了质疑，由此提出了对户外公益广告空间优化的对策和看法，希冀提升户外公益广告的质量和有效性，并设计出了差异化、针对性、地域性、系统化的优化策略，以增强城市景观。其对策之一是因地投放，要求广告商在选址过程中，应事先考察当地的城市规划、格局及特色，并详细到区县、街道，有重点、有针对性地投放——例如繁华的商业区域，是户外广告投放的重要地点，因其人流量和人群广泛性都是城市中最高的；其次是街道两旁和交通工具、长途运输工具的站点、高速公路等，应因地制宜，合理调整广告投放比例。同时还可利用技术手段，运用 GIS 定位系统，科学规划广告投放。

谢加封等（2018）[①]基于场景理论的分析视角，讨论了户外广告与城市文化的割裂与冲突，剖析了户外广告与城市文化形象的不协调性，认为户外广告不仅要呈现符号、色彩、图像，还要与城市空间融为一体，形成共同的城市景观；在此基础上对户外广告的空间形态进行了细分，包括街道空间场景、交通空间场景以及建筑空间场景 3 种空间形态，并通过形态分析解释了现代户外广告的演变特点，即内容设计越来越艺术化、外形展示越来越创意化、用户体验越来越人性化；最后提出了相应的空间优化策略。这个研究与杜明敏的研究策略相近，也是强调要对城市的风貌、规划及城市形象做总体把握，将户外广告的风格、内容、形式与城市空间相协调，做到情景平衡，例如在商业区域设置商业户外广告，在文化区域设置公益广告等。同时，谢加封等人还提出户外广告的互动设计要与周围环境交融，与空间、色彩、光线、符合等元素相融合，以

---

① 谢加封,丁敬.城市户外广告：空间分异、场景演化与视觉修辞[J].广告大观（理论版），2018（2）：93-98.

增强受众的用户体验,达到统一语境和空间环境,形成和谐的美学体验。

鞠晓玲等(2013)[①]认为有效利用空间、做好空间优化需要做到以下几个方面:首先是经济效益与社会效益并举。由于商业广告的经济效益远超公益广告,所以城市中商业广告的占比也是远超公益广告,从而导致经济效益与社会效益失衡,这是与城市建设规划相违背的,因此应当在合理位置设计相应的公益广告,不可一味追逐经济利益。其次要与整体环境协调统一。户外广告的尺寸、色彩等形式及内容要与周围环境综合考虑,不能破坏原有的美感。最后要注意宏观与微观的统一,即城市监管与广告投放的协调和谐,空间布局与投放比例的相适宜。

在新媒体户外广告方面,邓驰旻(2018)[②]探讨了新兴户外广告模式,即"户外广告+程序化广告",将程序内置在户外广告中,通过外部识别或探测技术,采集用户多重指标数据,并同步上传至云端数据库,做到实时、实地共享数据,由此转变户外广告的交易方式,从传统的合同租赁到实时管控、智能灵活的竞价交易,使广告商的投放效益达到最大化。程序化的户外广告将更加人性化、丰富化且富有创新性,可实现数字生活与日常生化的完美贴合。针对这类户外广告,学者也分析了各国的空间优化方案,为我国户外广告的投放提供了有益参考。在美国,广告主在购置的户外屏幕上投放实时化的广告,可进行实时的效果监测和广告优化,全程同步,相较传统户外广告大大缩短了效果反馈周期,提升了广告效

---

① 鞠晓玲,鞠晓莉.对中国户外广告的发展研究[J].大众文艺,2013(17):72.
② 邓驰旻.程序化户外广告的市场现状[J].广告大观(理论版),2018(3):4-12.

果,同时还调动了位置、天气、时间、交通、社交网络等区域化数据,有助于针对不同的城市功能分区进行差异化的广告投放。在欧洲,数字化户外广告已较为成熟,广告技术公司可以通过定位系统对浏览网页或 APP 的用户轨迹进行分析,从而有针对性地投放目标人群;也可利用蓝牙、无线网络等技术搜集户外广告附近的受众信息,定向推送符合其兴趣点的广告内容。

倪宁等(2014)[①]以布尔迪厄的"场域理论"为理论基础,提出"新媒体场域"概念。新媒体场域是与现代数字技术分不开的,尤其是互联网和移动互联网。在数字传播环境下,使用新型媒体的用户、有目标客户群的广告商和为广告商服务的相应机构等三方构成了这个场域,通过信息传播和良好互动,形成或竞争或联合的社会关系,即三方的多元交互系统。在新媒体场域中,如何实现户外广告的精准投放,是需要深思的。倪宁等学者提出,以大数据技术精准投放广告的前提和基础,是依靠大数据技术才可精准找到目标受众,进而进行后续的行为;除了传统的人口统计学数据,用户的浏览轨迹、购买行为、评论内容等社会属性也可同样被搜集,据其不仅可以寻找到目标消费群体,还可确定消费时间和地点,达到"人、时、地"的完美契合。目标受众确定后,深度挖掘其消费需求也是大数据可以做到的。目前电商推荐营销系统技术已经发展较成熟,并已被广泛应用;当用户购买某类商品后,系统会推送附加的具有用户爱好特性的商品广告,以此增加销售机会,激发受众潜在购买需求。根据上述这些,学者提出了广告媒体的空间优化策略,即重视技术驱动,将人群定向、实时追踪及空间定位做好关

---

① 倪宁,金韶.大数据时代的精准广告及其传播策略——基于场域理论视角[J].现代传播(中国传媒大学学报),2014,36(2):99-104.

联,利用复杂网络及推荐算法进行投放;运用多媒体技术、实时交互技术有效利用空间场景,以达到事半功倍之效果。

李忠刚等(2012)[①]学者对中国移动"智能手机 0 元购"的广告效果进行了测评,在调查过程中发现由于户外广告媒体的选址不够理想,是导致广告投放效果不佳的关键因素,即户外广告的投放对空间规划没有合理充分的认知,因此对户外广告空间优化的策略有待加强。

吕琳(2016)[②]认为户外媒体广告的空间设计与周围环境是影响户外广告效果的因素之一,密集的广告投放区域会造成受众的焦点模糊,失去关注度;而过于偏僻地区又无法达到有效投放量。因此,环境适中但同质产品广告较多地区如何凸显自身产品特性,需要仔细考量。此外,大数据推送是树立产品形象、使商品品牌在争夺眼球的广告轰炸中脱颖而出的手段之一。同时,户外广告的互动性也是增强广告效果的重要因素,如何将互动与周围环境有效融合,是广告服务机构需要重点考虑的内容。

杨思杰(2018)[③]分析了在自媒体时代,互动广告对传统场景的冲击与重构。由受众主导的自媒体时代消解了传统媒体的中心控制,带来的是去中心化、分众化和信息碎片化,导致受众的注意力湮没在茫茫信息之中。数字信息堆砌出来的场景包围了受众,受众在其中不断寻找着有效信息,这也为自媒体的互动广告带来新的思路。自媒体互动广告的场景化满足了受众的主观需求,受

---

① 李忠刚,朱建荣.基于消费者认知的户外广告效果测评体系研究[J].江苏商论,2012(14):285-287.
② 吕琳.移动互联网时代影响户外广告效果的因素[J].西部广播电视,2016(10):25-25.
③ 杨思杰.自媒体互动广告的场景化思维与应用[J].南华大学学报(社会科学版),2018,19(4):107-112.

众在广告场景中拥有传统广告所不能赋予的自主权和表达权。在受众已经对广告不胜其烦的今天,响应不同层次受众的需求,是使他们接受广告的良方。在现实的互动广告中,场景化可以作为广告品牌的推介窗口,方便受众深度体验品牌所要呈现的服务理念、产品特性、品牌文化等内容,着力打造个性化的使用体验,以场景化互动塑造企业形象。

上述学者们的研究,关于户外广告空间优化的分析和策略主要从环境融合、互动体验、技术驱动等方面展开,为后来的研究提供了多个层次的观照角度,从中也可以看出,户外广告的空间管理对广告效果有重要的影响,因此合理的空间优化对提升广告投放效率、增强广告效果有非常重要的意义。但目前的研究仍停留在理论探讨层面,在运用问卷调查、数据获取、统计学分析等数据反馈检验及对应的策略模型建构方面,还有较大的拓展和提升空间。

2.4 研究述评

综上所述,空间生产理论是讨论空间的社会属性,是产生社会关系的基础,其本身也是社会关系。研究者通过空间生产理论批判了资本主义社会的价值掠夺和统治阶层的权力侵占,将其运用于户外广告研究,则主要分析了广告主背后的利益驱动与受众之间的利益博弈,更偏向于政治经济学范畴。就目前来看,空间生产理论仍然有很大的发展前景和跨学科的交叉联系前景,而不是仅固守在社会学、政治学领域。另外,从文献中可以看出,学界对户外广告的效果测评研究已经有了一定的积累和基础性成果,对各角度、各方面的指标总结能较全面地展示户外广告效果研究的多样性和深入性;现有的测评方法和体系也已被成熟运用于相关研究中,取得了较为科学的量化结论,为后续研究的开展打下了基础。但是同样从文献中可以发现,目前的户外广告效果评估研究还有较大的挖掘潜力和拓展空间。关于户外广告空间的优化,已有学者进行了探究,传统广告媒体多从城市空间规划角度入手,而新兴媒体则是从与场景的互动角度切入,两者都是依据媒介形态的不同而各有侧重。

2.5 本章小结

本章梳理了空间生产理论的概念、起源、发展和国内的相关研究现状,以及该理论在户外广告方面的运用,此外还梳理了户外广告效果评估的各式指标、模型与运用情况以及户外广告空间优化的研究现状。本书将空间生产理论运用到户外广告与受众、广告商的社会关系中,将户外广告的定位算法和资源优化与受众行为偏好结合,将受众的消费意愿与广告商的广告设计相联系,阐述了此三方背后的社会联结,既包含了该理论原有的自然学科属性,也涵盖了现有的人文社科属性。

…

第三章
户外广告空间场景及交互模式应用研究

对户外广告受众群体偏好的研究,离不开对户外广告应用场景的细分。户外广告投放优化策略需要考量其显著特点的功能;现代户外广告的突出功能是基于空间场景中的交互体验,由此对于群体偏好和投放优化的分析,需要梳理探讨受众群体是在哪些空间场景使用户外广告、通过何种交互影响受众认知和行为,并对后续如何针对交互模式的特点采取优化投放策略进行探索。

3.1 户外广告空间场景

有学者认为,户外广告的应用场景可以分为展示型和交互型:仅展示内容与信息的户外广告为展示型,受众对广告内容与信息主动参与并交互体验的户外广告则属于交互型。展示型又可细分为单纯平面展示和结合新技术如 VR、AR 的电子显示;交互型可以分为屏幕触控的简单体验和经过体验输出奖品的高级体验①。本书结合户外广告的地理位置,将应用场景分为大空间声画应用场景和小空间触控应用场景。

3.1.1 大空间声画场景

户外广告画面针对固定内容进行创意设计,这种设计或应用程序体现了营销目的,以吸引受众对户外广告的注意力。通常来说,户外广告展现的画面即被视为"户外广告",这是户外广告最常见的形式,也称为第三种广告方式(其他两种是视觉动画和书面文字),在户外广告的表现形式中呈现逐年上升趋势,其最重要的特性是可以被目标群体迅速注意。户外广告的画面设计因消费品和服务业需求的增加而存在差异。在品牌营销推广时,通过户外广告不断输出信息,可以达到良好的宣传效果;通过集中投放某些领域的产品和服务,可以确定目标客户。从1990年初开始,由于计算机技术的发展、软件程序的优化和不断涌现更新的广告机构,户外广告画面设计的竞争开始日趋激烈,并产生了很多优秀的经典案例。

基于技术的数字艺术正在以全新的受众体验重塑新媒体。随着品牌竞争的白热化,具备设计能力、熟练应用各类创新技术的广告机构成为满足全球化、多样化需求的关键。在全球化浪潮中,最能反映城市受众日常生活特性的地点便是公共区域,因此公共区域是城市中最具广告传播可操作性的地方,可以高效捕捉潜在受众,户外广告的声画应用也必然会在这些公共场所大规模传播开来。毫无疑问,公共区域尤其是消费能力强、目标消费人数多的区

---

① 金㩗美.数字户外广告类型及效果研究[J].广告大观(理论版),2018(5):17-25.

域,是各家企业不可或缺的宣传主阵地,在这些区域,受众不可避免地会受到户外广告的集体"轰炸"。

广告牌是户外广告最显眼、最具标志性的载体,高新科技的发展为受众观看广告牌带来了前所未有的体验。在商业区、车站、高铁、机场、地铁等人流密集、视野开阔的大空间中,3D裸眼技术的进步和先进的薄膜材料可以使受众看到逼真高清的灯箱立体广告;同时新型音频系统集合了高指向性、高保真、音色好、功耗低等优点,通过数字功放等技术,发射声波传播广告,不仅可以使能量集中提升传播效果,而且可以指定方向,音效不随距离增加而明显衰减,并可屏蔽相关干扰杂音,使受众在指定区域听到没有变形扭曲的声音,从而将户外广告声音效果发挥到更高的层次,也使广告投放效果更具针对性。

从纸质媒介到电子媒介的升级,也为户外广告大空间声画场景的应用提供了更有力的帮助。传统的喷墨打印技术结合导电墨水,便可形成独特的电路板,辅以感应设备和软件程序,可使广告牌的光影效果更加炫目夺人,并且这种户外广告的安装和维护也极为简单便捷,是大空间里性价比较高的场景应用;另外在人群或车流经过时,广告牌也随着发生画面、声音的变化,其广告效果更为显著。3D投影技术也被应用于户外广告,夜晚时分,在一片平整的墙面或者高楼大厦的正面投放事先准备好的影像广告,既吸引眼球,也令受众印象深刻,增强了广告的趣味性。

3.1.2 小空间触控场景

在较小的空间内,如小型商店、线下展示活动等活动范围较小、空间有限的区域,触控技术显得更为重要。现代触控技术运用投射式电容、互电容、纳米银导线网络矩阵替代传统ITO层,

第三章 户外广告空间场景及交互模式应用研究

在广告牌或显示屏内侧安装触控膜，即可实现受众通过触摸与广告进行互动。现代触控膜已经可以达到防水防污、曲面透明、图像不变形等效果，并且极为耐用，物理寿命可至多年。在室内场所的媒体投放时，受众轻触屏幕便可得到相应的广告信息。正因为可以触碰，互动广告正逐渐成为主流。通过 HTML、CSS、JS 等技术制作现实增强游戏，让受众在玩乐中潜移默化地接受广告，使广告变得更加富有趣味，受众不易排斥、不易产生逆反心理。

　　城市公交站台是一种有趣的功能性广告的应用场景，它可以传递广告信息而不需要任何标语。通过工业和图形设计以改善和提升城市公交站台的有效空间，从而加深消费者对商户广告的记忆。例如，对于一家以健身为主营业务的公司来说，可让公众在等车的时候使用站台上的称重秤，既能使等车的乘客不觉枯燥，也可以使健身公司从中获利。此外，站台上的人们可以通过触摸屏输入个人身体信息，形成个性化的数据记录，同时获得这家公司对应的健身优惠折扣信息。

　　以上两种场景应用可以串联起一条线索：提供用户服务—展示广告优惠—管理商户运营—分析大数据。声画场景是前两条内容的主流，触控场景是后两条内容的基础，通过受众的交互行为传输数据，上传云端。户外广告的场景应用成功连接了线上线下的传输闭环，通过营造线上应用场景吸引受众进行更多的线下消费行为，提升商户的运营能力；数据化商户的营运内容，使受众不受时空限制地享受场景服务。商户在店内提供无线网络已经是大势所趋，这也是营销的需求。受众在店内的相关数据更容易被捕捉挖掘进而被分析，构建成庞大的数据库，为商户、广告主提供动态的、真实的媒体数据报告，指导商户的营销模式，同时为广告主提供更有价值的参考与建议①。

从20世纪90年代初开始,随着数字化生活的不断发展和普及,户外广告不仅在工作领域,而且在日常生活领域也影响着大众。尤其在大众传播方面,互联网的使用日渐普遍,并且随着搜索引擎的快速发展,广告客户开始关注新的营销模式,由印刷媒体和口头媒体加强的营销模式开始带来不同的解决方案。在这一时期,社会媒体被公认为"新一代"信息系统的代言人。在数字应用领域,所有其他"新一代"应用开始与所有广告技术相结合并进行展示。

也是从20世纪90年代初开始,通过数字生活传播的广告业务的发展开始加快速度,并开始创建自己的广告网络。户外广告正是通过数字技术和通信设备向消费者提供营销刺激。消费者把大部分时间都花在户外,通过奖励机制(如交互后产生的优惠或礼品),户外广告开启了一个新的时代,并"迫使"消费者使用新的应用。这个时期的户外广告是为了创造、维护和改变关于产品、受众、机构等公众形象以及在公共区域的视听觉刺激而创建的。在适当的条件下,通过频繁的户外广告,借助创新的方法,可增加企业的曝光度,有助于提高产品竞争力。为了给户外广告的新思想提供展示机会、迎接新时代的挑战,广告主和商户必须不断地密切关注数字技术,并且必须向艺术家和设计师提供广告解决方案,一步步提高自己的广告效果。

快速发展的互联网技术使得虚拟空间与包围受众的真实场景紧密结合,模糊了时空的边界,碎片化、多样化和数字化成为信息

---

① 许闽枝.移动互联网时代场景营销的应用及其困境研究[D].广西大学,2018.

第三章　户外广告空间场景及交互模式应用研究

传播和用户需求的特征,因此,复杂多变的营销环境正在考验着广告客户。应用场景为现代营销提供了新的契机。场景的运用依靠的是移动数据,支撑的是用户生活,连接的是虚拟现实、产品和受众,这也是最佳的连接方式。场景营销需要合理匹配广告信息,其中包含了准确性和体验性两大特性,深受广告主青睐。VR/AR/MR技术可以使虚拟场景和真实场景高度融合,为受众带来颠覆性体验。语音识别、图像识别和体感技术可以全面感知消费者,红外传感器和iBeacon设备信息传感技术覆盖了丰富的场景,实现了场景的构建。体验场景空间、与场景进行交互、感受不同的情感进行品牌价值和理念的传达,还有助于提高广告产品的传播效率。传统的纸媒、电视台、广播、PC端相较于移动媒介,其短板越来越凸显,使场景营销的优点逐渐显现。然而当前的数字营销手段并不完善,场景营销仍然表现得较为僵硬、不够友好,甚至会成为人与空间和谐共生的阻碍因素。因此,对于场景的应用与开发,广告公司应该把握并创新场景空间,同时重视场景营销,加深对场景营销的认知和运用,而不是仅仅停留在提出词汇、停留在概念层面,应该实际运用并加以完善。

网络与移动技术的增强与发展,使得体感设备、AI、大数据、虚拟现实、增强现实、物联网等新兴技术及其运用不断被优化,它们之间相互连接,形成了相互交织的网络体系;这些技术与现实空间紧密结合,形成了多种多样的场景。形式各异的场景一方面提升了户外广告的效果,另一方面也为存在选择困难的广告客户带来了困惑。但是,广告客户只要牢牢抓住自己的品牌定位、产品特性和目标人群,结合新技术的应用,便可提供很好的体验。例如体感技术,可以用于小规模的户外广告情景营销,以识别用户行为,或预测用户行为,为户外广告增加创新力,同时为后续的营销决策带来更多的信息。

另外平面的广告牌,直接走向 3D 互动拟真。这些场景化的户外广告应用,让广告不再是静态单一的媒介。增强现实技术、多屏互动技术、表情识别技术、人屏互动技术拉近了广告屏幕与受众之间的距离,让户外广告真正走近受众;也正是这些场景应用,催生出了多种户外广告交互模式。

3.2 户外广告交互模式

3.2.1 基于信号感应的户外广告交互模式

红外和蓝牙技术被广泛应用于数字时代的户外广告中。基于这些信号感应技术的交互式应用程序,目前主要用于个人应用和卫生领域,也可以广泛用于城市规划领域。基于信号感应的户外广告主要用于街道、人行道和购物商场的自由展板,通过红外或者蓝牙的信号感应及交互,将各种信息发送到目标人群的手机或接收器,并且可以记录、读取人群信息。

五颜六色的户外广告屏会吸引眼球,获得良好的广告效果;但为了与用户产生更为紧密的连接关系,基于信号感应的户外广告便应运而生。受众对变化的物体相较于静止状态更为敏感,会投入更多的注意力,于是当一块户外广告牌使用人体红外传感器,受众在距离广告牌越来越近时会受到感应,广告便开始播放,其效果会远胜于静态广告[1]。

---

[1] 李博,高松,王长璟.基于人体感应的智能广告屏显示系统[J].电脑知识与技术,2015,11(3):230-231.

第三章　户外广告空间场景及交互模式应用研究

　　当前已有广告设计者将红外触摸装置安装在户外橱窗广告里。这种特殊的橱窗广告由传统广告实体和处理芯片组成,橱窗广告实际为 LED 显示屏,该显示屏的四周设有红外感应器孔,其下部为支撑装置,上部为系统核心区,内置模块处理器和电源,以保证输出稳定。当受众走近时,通过红外感应器孔接收信号并将信号传到处理器,处理器接到信号后控制 LED 显示器快速切换到广告菜单界面,通过触碰红外触摸屏,使得触摸屏上的每个位置都产生一个垂直和水平方向的坐标,模块处理器根据坐标的位置信号来确定与之对应的广告信息①。

　　此外,还有基于信号感应的互动体感广告液晶视窗,包括玻璃液晶视窗、投影仪、体感感应模块、终端控制系统、外部计算机等。其特征在于:体感感应模块设置在玻璃液晶视窗的下方,投影仪设置在液晶玻璃视窗之上,投影仪通过 VGA 数据线分别与外部计算机和终端控制系统电信号连接,外部计算机通过 USB 数据线分别与玻璃液晶视窗的信号输入端和终端控制系统电信号连接,体感感应设备通过 USB 数据线与外部计算机的 USB 接口相连接,用于人景互动②。

　　在户外广告安全方面,信号感应也给予了一定的助益。随着大型户外广告牌数量的增加,由其引发的公共安全隐患引起了公众的广泛关注。针对大型户外广告牌的结构健康监测问题,有学者设计了一种无线传感器网络(WSN)监测系统,即利用无线传感器网络技术,可以判断户外广告牌的安全性,并在户外

---

　　① 梁林.一种红外触摸互动广告装置:中国,CN201620364979.5[P].2016-09-14.
　　② 王小红,姜旭,李岩.一种互动体感广告液晶视窗,CN203055397U[P].2013-07-10.

广告牌出现危险状况时进行预警。监测系统由两个子系统组成：一个是基于紫蜂协议的无线传感器网络结构系统,其中集成了六轴 MEMS 运动传感器,用于采集运动信息;另一个是通过 GPRS 模块与远程服务器进行远程无线通信。该监测系统建立了户外广告牌的仿真模型,分析了风荷载作用下广告牌结构的变形形态,并提出了预警判断标准。通过实验室条件下的多次实验,对该监测系统的性能进行了多方面的对比实验。实验结果表明,该无线传感器网络监控系统能够实时、准确地监控户外广告牌的状态[1]。

这种利用红外线传感器构成的户外广告能够在一定范围内感知受众的存在,并依据受众停留时间响应不同的工作状态,既减少了资源消耗,又增强了广告效果。但是信号感应也存在一定的局限,如红外感应器维护成本较高、维护时间较长、灵敏度较低,受较多外部环境的影响,如气温、气流、光线等;且可感应的范围较小,不利于大空间传播。

3.2.2 基于声音识别的户外广告交互模式

智能声音识别技术将受众口中发出的音节作为内容,以声音特征为分析对象,通过数字信号处理芯片进行分析。高级专业的数字信号处理芯片具有 CPU 资源占用少、多线程处理等优点,在大型的商业活动中可以恰当运用。智能人声识别技术本身使用与一般算法不同的计算方式,可以自我调节外界输入的音频信号,以提高音频转换字符的正确率。其原理可以简单概括为：在媒体开

---

[1] Wang H, Dong L, Wei W, et al. The WSN Monitoring System for Large Outdoor Advertising Boards Based on ZigBee and MEMS Sensor [J]. IEEE Sensors Journal, 2018, 18(3): 1314-1323.

第三章　户外广告空间场景及交互模式应用研究

始对语音进行识别时,有时候需要将语音两端的静音擦除,以提高清晰度和保真度、降低后续工作的错误率。此类操作被称为VAD,是信号处理的技术之一。静音切除后将对声音分帧,即对语音进行分段,通过移动窗函数实现。分段之后,语音的处理更为方便,但在波形方面基本没有描述能力,因此需要对波形进行变换——通常的做法是参考人耳的生理特性,把每一帧波形变成一个多维向量,这个向量就包含了这帧声音的内容信息,这个过程叫作声学特征提取[①]。

目前的声音识别技术可分为两个类别:分辨相似音频和识别音频语义。第一类主要是指从冗杂繁多的声音信号中对某一特定音频的筛选,多用于信息检索、国土安全等领域。第二类声音识别技术则是指将人声转化为文字,基于前述原理,将声学特征提取出来后,就需要将帧识别成状态,再将状态合成音素,最后将音素组合成单词——这一类型是户外广告交互常用的技术。通常情况下,当受众面对户外媒体时,可以通过语音取代手动操作,以浏览相应的广告信息。当前又出现了另一种形式的声音识别交互模式,即声音识别技术商与广告商达成协议后,技术公司会向广告商提供软件开发工具包,工具包里集合了工程师所编写的特定软件包、软件框架、硬件平台和操作系统等应用。广告商可直接将软件开发工具包嵌入户外广告和自身开发的APP中,当受众在观看该户外媒体时,可根据提示打开APP,APP会根据声音识别出该广告后跳转到相应产品界面,受众就可直接查看产品信息和优惠活动,并进行互动或

---

① 郭利刚,方土富.智能声音识别技术在广播电视广告监测中的应用[J].广播与电视技术,2006(12):72-74.

者购买①。

基于声音识别的户外广告交互模式减少了受众手动操作的复杂性,只需动动嘴就可以查阅甚至购买所需内容和产品。但这同样也存在隐患——广告商在受众不知情的情况下收集了受众的隐私数据;现在已有不少案例证明,多款 APP 会监听受众周围的声音、记录受众行为,以此达到传播广告的目的。这样声音识别技术就侵犯了受众的隐私权利,增加了大众的不信任因素。此外,声音识别技术目前还在更新当中,技术尚未完全成熟,其识别成功率也有待提升。

3.2.3 基于图像识别的户外广告交互模式

图像识别技术已经在各个领域广泛应用。现有的户外广告图像识别技术,有基于 AR 云端识别的智能广告推荐方法、广告系统及服务器。其中的方法包括:受众通过手机与户外媒体连接(通常扫描二维码下载应用端),应用端上传受众所需的产品识别图片至云服务器;云服务器对识别图片进行处理,提取识别图片的特征值,并生成唯一标识;应用端获取至少一个广告海报图片,并将至少一个广告海报图片上传至云服务器;云服务器对每个广告海报图片进行识别,提取每个广告海报图片的特征值,并判断每个广告海报图片的特征值是否与识别图片的特征值匹配,将匹配的广告海报图片进行存储,向应用端返回唯一标识;应用端向云服务器发送用户标识以及唯一标识;云服务器根据用户标识以及唯一标识

---

① 王晓易.Shazam 迈入十亿,"声音识别改造电视广告"这事国内也有人做——Syntec TV [EB/OL].[2018-6-19]. http://tech.163.com/15/0123/11/AGL33O8D00094ODU.html.

第三章 户外广告空间场景及交互模式应用研究

获取用户特性,并推荐与用户特性一致的广告内容;应用端从广告内容中选择待展示广告内容进行展示①。

另外一种图像识别技术与人脸识别相结合,即基于智能识别的广告系统及相应的广告推送方法。其中的广告系统包括:摄像头,用于实时采集观察者的图像数据;识别模块,其与摄像头电性连接,接收图像数据,对图像数据进行人脸识别生成人脸数据,并选择性地进行行为识别,生成行为数据;图像处理模块和显示模块,其接收人脸数据和行为数据,并根据人脸数据和行为数据将广告系统展示的广告中的人物替换为观察者,生成新广告视频,显示模块显示新广告视频。有研究基于智能识别的广告系统,将人脸识别和行为识别技术融入广告中,通过图像处理模块对广告主体和观察者进行人脸替换与行为处理,从而增进观察者与广告之间的互动性,更能发挥广告的宣传作用,具有极佳的用户体验②。

公共场合的户外广告显示器举目皆是,但它们经常播放一些固有的广告信息,缺乏灵活性,至于用户实际有无看到其中的广告,以及播放的是否是用户所需的广告,现在也没有好的评价方法。鉴于此,图像识别技术可发挥另一种功能:借助通过用户的面部图像实现性别和年龄的认知来选择广告内容的视频播放系统,可以计算用户关注相机的时间,从而对用户看到广告的有效时间进行准确的测量③。

QR(快速响应)是在 1994 年创建的"快速响应"代码,是日本

---

① 特斯联(北京)科技有限公司.基于 AR 云端识别的智能广告推荐方法、系统及服务器:中国,CN201611076221.2[P].2017-05-31.
② 苏州大学.基于智能识别的广告系统及相应广告推送方法:中国,CN201310406903.5[P].2013-12-18.
③ 樊期光.基于图像识别的广告选择播放系统[D].北京林业大学,2016.

电装公司为汽车行业制定的法规，但它问世后并没有局限于汽车行业，而是存在于不同的应用领域。如今，QR码被广泛应用于办公、卫生、保险、报纸、印刷和视觉广告、博物馆、城市规划等领域。QR码最流行的就是二维码，可以很容易地被扫描仪（手机）读取，扫描仪几秒钟就可以解析相关的代码。"URL"（统一资源定位符）可以帮助我们从Internet浏览器向某些服务器发送命令，QR码可以通过URL和密码以不同形式发送给受众，当扫描二维码时，便可打开网页，看到相应的广告信息。QR被广泛放置在广告牌、房地产展示招牌、车窗、博物馆和自然公园等地。这是户外广告从传统媒体向科技媒体转型、是信息融合的产物。

图像识别技术的进步使得受众可以获得精准的广告信息。但是基于图像识别的户外广告交互需要受众操作的步骤较多，降低了受众的参与积极性，广告效果不够明显。图像识别技术的改进有赖于特征提取技术的提高，因此采集图像的设备较为昂贵；机器学习功能的增强也需要高昂的费用去支撑，因此此类户外广告的成本较高。

3.2.4　基于地理位置服务的户外广告交互模式

地理位置服务LBS(Location Based Service)是移动互联网时代户外广告的主流技术之一。目前LBS广告主要是依赖手机、平板电脑、笔记本电脑等移动终端访问应用或页面，其页面和应用会显示一定的广告，此类广告集合了音频、视频、文字动画、互动游戏等元素，以移动媒体为载体传播给受众，以影响受众的购买行为。传统的LBS广告可以分为推送消息类广告和界面浏览类广告，其中推送消息类广告最符合大数据时代的特征。推送类广告可以根据受众距离进行消息推送，推送等级分为一般推送、高级推送、精准推动、智能推送。一般推送就是向所有下载 APP 的用户推送普通消息;高级推送是指向响应一般推送消息的用户推送更多内容;精准推送是已知用户基本信息并将其细分归类;智能推送是基于大数据的智能化分析,将用户所期望的信息直接推送给他。现代 LBS 户外广告在这两类广告的基础上有了效果提升。

最常见的 LBS 户外广告会根据受众与广告的距离来选择定向投放,例如距离灯箱、橱窗等广告一千米内,一旦有受众进入该距离,即可定向投放。在广告业,行为定向广告依据大数据的分析,以获取受众点击、浏览、搜索、互动等线上行为为数据支撑,建立用户画像,进而通过相关算法和技术,向受众提供深度挖掘后的广告信息。行为定向广告以受众先前的网络行为为基础,消除了受众对无关广告信息的反感情绪,节省了受众搜寻和浏览的时间,提高了购买效率。行为定向广告对于网络媒体来说具有流量变现的价值,可以将线上的流量转化为受众的注意力、传播力和购买力。如果有用户对某一特定产品具有强烈的购买意愿,行为定向技术可以识别,而广告主可以在消费者访问网站时向其提供相关的广告[1]。将行为定向广告与户外媒体结合,便可大大提升户外广告的传播效果。

此外,LBS 户外广告还可根据手机受众的线下信息,例如行进路线、驻留时间、购买数据等,以及划分场景对受众进行细分。通过对数据的清洗、处理,将不同时间、不同位置的人流量展现在热力图中;基于用户 LBS 数据,经过数据处理,呈现在地图上的人流分布热力图,其数据相较基于传统定位的方法更加精准,真正可做

---

[1] 陈瑜嘉.大数据时代人与技术的互动——行为定向广告及其价值与争议[R].中国媒体发展研究报告,2016:161-173,300.

到让数据为投放做指引①。

LBS户外广告打通了线上线下渠道。基于LBS的户外广告交互模式可以提供路线定位、街道门牌、具体导航语音，引导受众进入实体店家，同时在途中提供丰富的商品信息，指导线下消费。也正因为地理位置服务，LBS户外广告实现了本地化搜索，线下的店主利用该功能，依据潜在受众的坐标位置、当下时间，辨别受众所处场景，将相适应的产品信息推送给处在附近地理位置的受众。受众也可搜索当下地理位置附近的户外广告，进行互动和消费。通过这种功能，消弭了受众和实体商店的距离，让户外广告不再是静止的图片，而是交互的体验，搭建了线上线下互通的平台。

LBS的户外广告可以使信息的被动接受转化为主动获取。受众靠近店家时，想要获取相关信息和产品内容，LBS户外广告便有了一定的作用。受众身处门店时，优惠信息便会主动推送到受众的移动端上；但如果受众不在门店，则不会接收到此类信息，避免信息轰炸造成的逆反心理。户外广告同时也可以滚动播放一些有效信息，指导受众如何订制相关广告信息，进行个性化查询，以获得更优质更有效的内容②。

LBS户外广告的定位服务可以使数据反馈更具精准性。户外广告设于街道、商业区等人流密集地段，以之收集受众的签到轨迹，生成受众个人的信息地图；众多受众汇聚成大量的数据库信息，为广告商、门店、研究人员提供了大量可用的数据，以此来进行

---

① 韩萍萍.LBS广告应用研究[D].辽宁大学,2014.
② 魏竞元.定位服务广告及受众对其接受心理研究[D].武汉纺织大学,2012.

追踪和解读。受众的广告点击、地点查询、线上购物、信息分享等行为通过云端上传到数据库,据之可以描绘受众流动的规律和特点,挖掘受众行为、受众偏好、消费习惯、区域位置等信息,这些数据都是精准营销的基础和前提。

3.3 户外广告交互模式在空间场景的应用

3.3.1 户外广告展示终端的新载体

近年来,鉴于射频识别 RFID(Radio Frequency Identification)技术的相关研究取得了重大突破,其设备的制造成本较之以前已经大幅降低,通信效率也很高,因此,在工业现场的应用已经成为可能。此外,它生成的数据具有很好的可追溯性,对其进行深入数据挖掘的成本也相对较低,故 RFID 技术在户外广告媒体营销领域迅速普及。随着商业化程度的提高,RFID 技术越来越多地应用于各种广告媒体中。

RFID 标签如今被当作一种优秀的信息载体,常常被用于商品营销全流程中的广告投放环节。它具有大数据存储容量以及自由修改存储数据的能力,因此所携带的营销信息可以被充分利用,并与消费者有机地结合在一起。在国外的一些现代化购物中心,产品已经贴上了 RFID 电子标签,当顾客在智能终端前扫描产品后,终端可以立即显示关于产品的详细信息、使用说明、销售情况、用户评估或同类产品的比较以及其他信息,这样消费者可以首先了解产品,从而增加购买产品的机会。

同时,信息发布终端借助 RFID 出色的遥感能力,能够获得接近用户目标的相关信息,针对不同的消费者个体,可以按照用户的生活习惯以及消费记录计算出其潜在的消费趋势，从而进行准确的个性化营销。

RFID与广告的结合可以产生很好的宣传效果。也正是这种交互式媒体技术的发展，传统的广告形式与内容正逐渐退出历史舞台，取而代之的则是新媒体技术所展现的户外广告。随着信息时代的到来，交互式多媒体出现在新媒体行业之中，创造了一种新的广告形式——电子触摸屏。

作为一种新的信息载体，电子触摸屏集图片、视频、文字、声音以及动画效果等多种信息于一身，其优点在于信息量大、操作简单以及直观性强。如今多媒体交互技术作为电子触摸屏的一种实现方式，将原本遥不可及的人机交互在广告宣传中变成了现实，使得广告的用户交互功能得到了极大的提高。目前，国内一二线城市的一些公共设施以及街道沿线的电子路牌都已经开始升级为触摸屏；交互功能极强的触摸屏，能够很方便地提供受众需要查询的信息。此外，许多电子触摸屏广告经常出现在广告展示会上。例如，许多房地产公司在电子触摸屏上展示房地产广告以及特定的地段、价格、房屋类型以及销售信息，潜在客户可以根据自己的需要进行查询。这种交互式的多媒体广告将互联网上的信息通过超链接的形式投放到电子触摸屏上，极大地方便了客户自主进行查询，节省了房地产公司的人力。目前，电子触摸屏已具备多种用途，被广泛用于各个领域。

如图3-1所示，这是某商业中心的65英寸触摸屏。参观者可以按照触摸屏上的相关提示，结合自身需要，点击不同的按钮，可以了解楼内的相关设施及其功能。通过触摸屏，广告的交互功能能够得到极大的提升。过去，大型显示板对于不同身高的客户来说，有些内容位置太高，有些内容位置太低，一块固定的显示板上需要呈现的内容太多,给用户的阅读带来了诸多不便。然而,商业中心的此类互动式电子触摸屏能够有效地提升有限的商业空间的使用率,从根本上改变消费者的广告阅读模式,提高消费者与广告的互动性,改善信息传播的效果。

图 3-1　某商业中心的 65 寸电子触摸屏

西方国家对户外广告互动模式的运用已经较为成熟。例如,德国柏林的一则户外广告,便是互动模式与户外广告结合的典范(图 3-2)。此广告中,自助贩卖机与捐赠箱被设计师以一种巧妙的方式结合在一起,利用 2 欧元的廉价 T 恤作为噱头,吸引潜在的消费者前来。随后,当客户对自己的对应尺码进行选择时,触摸屏上会弹出一个名为"廉价服装的真相"的窗口,其中播放着廉价服装制作的过程:大部分廉价服装都来自欠发达地区,那里的纺织女工承受着超负荷的工作强度,时薪只有可怜的 0.13 美元。广告投放后,效果很理想,大部分观看视频后的受众都愿意为这些纺织女工捐赠 2 欧元。这种交互的户外广告，起到了将消费系统、广告业、广告内容和媒介有机循环集成的效果。

图 3-2　户外交互式慈善广告

就传统的户外广告而言，一直以来用户对显示终端装置的广告，印象都是纯粹的品牌信息的展示。传统的户外广告只是广告内容的载体，没有结合现代技术使用户可以直接消费广告内容；但现在这种更具创意的互动模式完全消除了人们对广告的"心理预测"，并且在潜意识中参与广告的互动，具有极强的代入感，最终完成消费。自动贩卖机作为一个简单的销售终端，若单纯地设置在公共区域，则不过是一个销售工具；但有效的互动模式能够让互动媒体与销售终端有机地结合，使之成为一个完美的销售系统，这也是户外互动广告媒体未来发展的必然趋势。

3.3.2 受众交互方式与内容的多元化

观众在看到室外广告后会进入交互模式，于是在不经意间成为广告的一个组成部分，而此时观众很多都是无意识的。通常的情况下，观众有了参与欲望，会抵消掉很多逆反心理而喜欢上广告，觉得很有意思。在一个简单的互动游戏中，广告信息和某种商品的属性被观众传递，在传播过程中不断加强观众的印象。而且，在观众自发地发送信息的过程中，潜移默化地接受了传统的户外广告所承载的信息。图3-3是谷歌公司在日本东京银座大厦门口投放的一个户外广告，观众可以通过这个广告牌收听多达3 500万首歌曲，广告牌则通过13 000个耳机端口播放不同的歌曲。如果你想听不同的歌曲，可以将耳机插入不同的端口。这个谷歌的户外互动广告牌是被用于宣传谷歌最新推出的Music Play业务，该业务自从2017年9月推出后，在日本的销量一直不太理想；如果观众直接点击广告牌购买Music Play业务，最多能够获得7折优惠。结合互动模式，观众对广告的配合度会大大提高，并且从另

图3-3 东京银座大厦门前的谷歌互动式广告牌

一方面看,该模式对于商品销售也大有裨益——此广告投放后,Music Play 业务在日本的销量提升了 35%。

美国学者对位于纽约最繁华的商业街曼哈顿周边的各个十字路口所设置的数字广告牌进行了消费者互动情况的研究分析,结果发现,消费者参与越多、停留时间越长,就越有意愿进入更深入的广告信息交互设计中。在一共两周的实验研究中,研究人员运用了现代新型技术来考察受众与数字面板之间的互动,包括触摸屏、波浪控制、性别识别、面部识别以及智能手机互动等方式。

该实验由来自不同阶级的 2 000 多名消费者的互动活动组成。实验成果揭示了户外数字广告与消费者之间的深层互动关系,能够为广告公司提供新的设计思路,帮助其开发与实施深受受众喜爱的营销策略。这项研究通过对比消费者接触、使用交互式户外数字广告牌的不同行为习惯,揭示了消费者使用交互式户外数字广告牌的深层动机以及原因。该研究在提升消费者购物综合体验、认识消费者的信息分享偏好以及深化消费者与广告商的互动方面,能够起到重要的指导作用。

调查结果如下:

消费者认识到与户外数字标牌广告进行互动是能够加深对商品了解的新方式,这种方式新颖有趣,92% 的受访者表示互动广告能够突出广告的主体,增强其传播效果。其中,还有 82% 的受访者认为互动广告较之静态传播的广告更具吸引力。

80% 的受访者认为交互式的户外广告是顾客与商品进行友好交流的好方式。

90% 的受访者认为受众的注意力主要来自互动和受众的深度参与。

超过 90% 的受访者都认为互动以及顾客参与可以提升广告

的吸引力,使受众更容易注意到广告内容。

第一次购物时,受访者更喜欢使用触摸屏,有78%的人表示触摸屏可以减少陌生感和距离感,也是最吸引人的互动方式。

超过50%的受访者愿意留下自己的手机号等详细信息作为未来与品牌保持联系的选择。

超过90%的受访者表示,互动广告是他们未来更加期待和更加留意的广告方式,75%的受访者表示会进行二次互动。

3.3.3　户外广告营销模式的新业态

在信息广泛传播的今天,传统意义上的单纯画面类的户外广告对消费者不再具有足够的吸引力,人们对此类广告的注意力以及视觉停留时间已大大减少;而交互式户外广告实现了与观众的互动以及交流,增加了新鲜感,改变了人们对户外广告的理解。

如图3-4所示,这是汰渍碧浪洗衣粉在广州推出的"强力去污"户外广告。广告在居民小区附近的广场上悬挂了一件巨大的白色T恤衫,作为广告的"显示幕布"。与此同时,使用Wii遥控器(Wii Remote)作为体验者与广告进行互动感应的工具。广告商将大多数人厌烦的洗衣服与游戏进行有机的整合,不仅让体验者忘记了对清洗衣物的厌恶,并且还争相购买使用广告商宣传的洗衣粉来突破游戏障碍;与此同时,广告商也培养了体验者对清洁衣物的兴趣。

调查显示,我国的广告业虽然在不断发展,但是传统的户外广告已经越来越不能满足受众的需求,出现较多的不足之处:

首先,大多数传统广告内容给受众的记忆点并不深刻。传统广告时效性较差,观众浏览过后很快就会忘记,而且内容常常过时。对于广告发布者而言,若要不断地开拓市场,让更多消费者对

图 3-4 碧浪洗衣粉的广告

产品感兴趣,就不得不持续地更新广告,不断用新的、有趣的内容吸引顾客;然而由于内容有限,传统广告很难用不同的方式描述同一件事。因此,即使内容营销的数量很大或经常更新,传统广告实际上也没有达到同样的市场反馈效果。

其次,传统广告对受众是强制传输的。观众只能选择看或不看这条广告,对于广告中所传播的信息,受众如果不参与互动,或者觉得没有吸引力、不愿浪费时间,很快就会放弃观看,因为他们时间有限。此外,有大量的电子书或手机游戏吸引着用户浏览玩赏,这些都从另一方面助推了互动式广告的出现。

事实上,许多广告的资本投入并没有能够很好地得到潜在消费者的认同,反而使人从心底对强制传播的广告感到厌烦,广告效果适得其反。

但是，随着互动模式的出现，户外广告有了新的传播方式，在设计灵感上出现无限的可能性。传统的广告营销模式在交互模式的运用下焕发了新的生机，被动消费逐渐消失，消费者自主操作独立参与成为主流。这样的交互方式有评价、计算器、游戏、竞争、配置等形式，例如杂志通过将封面与内页变成触摸屏，以图文形式与受众进行互动，从平面走向立体。

交互式户外广告改变了传统户外广告低效、僵化的固有模式，从根源上解决了户外广告令受众记忆不深刻的缺点。

第一，广告可以通过交互的内容营销增加不同的表现形式，为产品内容的展示提供更多的发挥空间，是深度阅读和材料传播的有效传达。

第二，交互内容要有增值空间。受众接收信息后如果没有任何互动便难以产生良好的营销效果，交互式体验系统可以将内容解构，为用户提供更多的参与可能。不同的交互式户外广告效果不尽相同，受众参与的体验结果也各不相同，这就是品牌广告信息的可以增值之处，可针对受众不同的体验进行个性化定制，以获得长期回报。

3.4 户外广告交互模式在空间应用场景运用的意义与价值

3.4.1 交互模式在户外广告空间应用场景中运用的意义

3.4.1.1 交互模式使广告的表现形式更为生动

从表现的本质上讲，互动广告可以被看作一种时空互动的模式，是广告与情景的有机互动与结合，可以极大地提升户外广告的信息传播水平以及表现力。环境是互动模式的重要因素，不同的环境导致的互动效果也不同，因此，须针对环境设计与广告内容相匹配的内容和主题，之后，对这种主题相关的功能以及属性进行扩展。通过这种方法，户外广告可以更高效地与所处的环境相结合。

展示内容的千变万化是交互式户外广告的主要特征。图像和声音的效果早已司空见惯，二维平面转化为三维立体也已经被人们所熟知。将互动模式与户外广告相结合之后，受众能够更好地将自己代入其中，这就使得广告能够更好地吸引受众的注意力。

当前繁华街道的户外广告均以大平面和小橱窗为主，千篇一律的图像和文字已经不能满足受众和广告商的需求，人们甚至将它们看作装饰性的景观。交互式户外广告既完整保留了传统户外广告的呈现方式和美观的优点，还更进一步地融入了游戏的体验，可令受众沉浸其中。

3.4.1.2 交互模式使广告时效性得以提升

以固定的图片和文字的排列组合进行信息的传播，是传统户外广告的弊端之一。研究人员通过大量的相关心理实验证实，与静止的物体相比，变化以及移动的物体能够更加吸引受众的注意。所以，同一内容的户外广告在植入互动模式后，其"广而告之"的效果会更强。

像液晶显示器一样，滚动播放和重点放大也是户外广告的功能之一，动画、图片、音像都可以实现。并且互动技术将户外广告的播放容量大大提升，使受众一次性可以接收到大量的内容，在原有基础上取得更好的效果。同时，经过后台的实时调控，广告信息可以及时更新并节约人力物力，减少了不必要的浪费；这样某种程度上极大地提高了广告的实时性，有助于户外广告运营商及时撤换过期广告。传统户外广告可以在同一广告媒体上多次投放、循环播放,大大提高了投放效率。

传统户外广告带给受众的是瞬间的回忆。例如,当改变路标时,它们可以吸引人们一次性的即时注意力,而一些广告即使改变图片也可能不会吸引人们的注意力。由于兴趣或外在刺激,导致注意力产生的效果不同,因此交互式户外广告可以为受众提供更多的接触以及参与机会,不断刺激、反复强化受众的印象,从感知、认知、情感和行为等方面影响受众,从而产生长期效果。

3.4.1.3 交互模式有助于户外广告效果测评和优化投放

在以前,传统户外广告与整体环境的融合度只是广告设计者考虑的一个角度。而对现代交互式户外广告来说,环境这一要素显得尤为重要。因此,户外广告的位置以及周边环境,是广告商首先要考量的问题;而恰当适宜的广告位总是稀缺的。传统的户外广告总是频繁出现,但是消费者对此总是很抵触,而且广告数量越多,影响就越小。

文化传播是户外广告的一种隐性功能。在同一个户外 LED 显示屏上,不同的广告客户可能会签约租赁不同的时间段,因此不同类型的广告可能会在早、晚高峰期或节假日被传递给不同的受众,广告投放的地点以及时间变得更加灵活可控。广告商可以集中使用 LED 显示屏来投放某些类型的广告,以吸引繁华地区以及消费群体集中涌现的时间段内的消费者。例如,在早餐高峰时间,"LED 大屏幕麦当劳"的场景通常放在人流量最大的地方,正在忙于通勤的受众看到广告时,即刻被广告勾起了食欲和消费的欲望。但是,如果这种广告只是单纯地以图文形式摆放在街道旁,久而久之,它只会与周边景物融合,成为街景的一部分,因为人们每次路过,广告都会在那里反复播放,于是就不会吸引潜在消费者的目光,自然也很难促进消费。

3.4.2　交互模式在户外广告空间应用场景中运用的价值

3.4.2.1　品牌价值

有广告怪杰之称的大卫·麦肯兹·奥格威指出:"广告传播是塑造品牌形象的重要环节,每一则广告都是对品牌形象的长期投资。"户外广告的对象不是个人,而是社会中所有的潜在消费人群。所以,户外广告的工作目标并不是创造出一种新的物质需求,而是激发消费者对于商品的消费需求,提升潜在消费者的消费欲望。

受众的消费行为与品牌形象直接相关,诸如消费者的社会关系、个人梦想以及生活习惯、周边环境甚至人际关系等都会影响消费意识及消费行为。消费者在购买商品时既需要商品实体,也需要商品背后的附加含义。就像我们购买 Tiffany 的饰品一样,究竟是因为我们想拥有 Tiffany 的品牌,还是因为我们只是单纯喜欢这个饰品?买巧克力,只要是个巧克力就行,还是认准了只买 Ferrero 巧克力?广告通过塑造商品的品牌形象赋予了商品这种额外的含义,通过广告树立的品牌一旦能够在消费者中产生共鸣,成功触动消费意愿,此时人们的从众心理及环境压力就将发挥作用,并形成一种趋同化消费即消费流行。

如果消费者对广告的记忆以及认知不复存在,那么就更别提建立品牌形象了。一个活泼生动的广告创意能够消除受众与商品之间的距离感,由此大幅提高两者的黏合度。有时候,仅仅一个新的想法就能让产品品牌在众多竞争对手中脱颖而出。一方面,互动体验与户外广告的结合给品牌推广带来强烈的号召力与吸引力;另一方面,别具一格的交互形式往往能够创造超乎想象的商业价值。当消费者对无聊的户外商业广告感到厌倦时,一旦发现新颖有趣的户外互动广告,他们往往无法拒绝这些企业及其制造的产品以及提供的服务,甚至会增加基于个人推荐的社交传播。户外互动广告在开放以及未完成的消费环境中创造品牌的外部形象以及内在品质,面对复杂的市场竞争,要想让品牌脱颖而出,就必须准确、快速、有效地把握受众的体验欲望,采用适当的方式激发消费者的体验热情。多种形式的体验可以增强消费者对产品的好感。

互动的户外广告利用其独特的表现形式吸引着潜在消费者的关注,同时打造了全新的传播途径。利用广告的人际交互以及人机交互功能,消费者的消费心理诉求可以得到满足,这在品牌的营销传播中常常得以体现。根据商品品牌的定位,将品牌形象打造成消费者向往的生活方式,而不仅仅是宣传产品本身的性能。现实生活中,消费者的需求有时不仅仅局限于满足功能需求的商品本身,更多时候,真实的产品体验或购买商品时所带来的那种身心愉悦的心理感受才是其真正关注的。互动的户外广告在消费过程中的作用就像化学反应过程中的催化剂,能够使商品的品牌意义得到升华,进而增加销量。参与互动让受众能够体验及感受广告中的信息,使得互动行为本身就成为消费者"看得见,摸得着"的特殊商品,让户外广告对商品品牌形象的塑造起到真正的推动作用。

3.4.2.2 文化价值

中国现代著名新闻学家戈公振在其专著——中国第一部泛论新闻学著作《中国报学史》中说:"广告是文化进步的记录,也是商业发展的历史。"广告自其诞生之日起,其制作过程以及实际目的都是为了帮助商品创造价值。户外广告经过多年的发展,已经不能被单纯地看作一种商业传播方法,同时也应该被看作一种反映社会文化及潮流的传播媒介。广告从业人员在甄选出商品所需要传达的信息后,与社会生活进行联系,同时结合商品背后的文化意义，以创造户外广告的文化价值。

交互模式的文化价值产生需要以下3个条件。第一，掌握消费者现有的价值标准。户外广告的传播标的是潜在消费者以及商品的意向客户，他们的消费行为、审美判断以及消费心理都是广告创作者在进行创作时纳入考虑范围的重要参考因素。只有当消费者顺利接收到户外广告作品所传递的产品价值以及文化价值时，他们才会对广告所宣传的产品产生兴趣，从而产生购买欲望。若消费者觉得这些广告没有意义，不能激发内心共鸣，那么他们就会选择性地无视这些广告，也不可能产生任何交流互动。第二，了解消费者共同的梦想对品牌所代表的文化价值的影响。尽管每个产品所面对的消费者可能属于社会的不同阶层，对于价值的判断与认识有着各不相同的标准，但相关研究表明，属于同一阶层或者群体的消费者，对于某一功能的产品都有着近乎一致的期望；如果户外广告作品能够反映或满足他们的期望，将会与消费者的文化以及心理需求产生共鸣，这是户外广告作品被消费者接受的先决条件。第三，发挥广告设计师的主观能动性对户外广告文化价值的影响。广告设计师作为新兴文化以及现有文化之间的"二传手"，面向社会不同阶层、不同群体，根据社会需求，在接受大众文化价值观的基础上，创造出属于广告本身的新的文化类型，让消费者既有新鲜感又有归属感。

随着社会以及文化的变化，消费者群体也在不断变化，相应地，户外广告活动也在不断变化。这种变化影响着户外广告创作者的价值意识，以及户外广告作品的文化价值取向。我们既需要在瞬息万变的现实世界中寻求适应，又需要保持广告文化价值的相对独立，引领正确的文化消费。只有满足消费者的现实需求，户外广告才能具有实用价值，并得到全面推广以及价值实现。户外广告所创造的别具一格的文化,既可以让消费者享受商品本身的使用价值,还可以通过商品广告信息,将广告工作中更多的精神内涵以及文化价值传递给受众。

在创作户外广告作品的过程中,广告设计者应该充分发挥交互模式引发的共鸣作用,选择正确合理的文化价值,选用能够拨动消费者心弦的文化符号,使信息交流包含更多的文化价值与意义,从而有效提升户外广告作品的营销效果。

3.4.2.3 社会价值

户外广告是一种文化交流形式,是城市文化的缩影,是社会生活的生动表达。户外广告在商业信息的视觉传播中一直扮演着重要的角色。优秀的户外广告可以给现代城市增添风采和魅力,让受众在接收广告信息的同时受到艺术的影响,从而体现城市独特的文化内涵。

长期以来,品牌商一直将广告投放视为销售的重要手段,为此不遗余力地在各种媒体上投放广告,向受众传递各类能够吸引眼球的商品信息,有时甚至是一些夸大、虚假的信息,体现了只要能让消费者买单就算是体现了广告价值的错误认知。所以,不能忽视广告在传播积极健康的价值观以及文化方面的作用。户外广告作为广告的一个特殊类别,不仅具有信息传播媒介的功能,也是广告文化、社会环境以及消费者之间相互联系的"二传手"。

户外互动广告的创造性表现改变了消费者作为信息接收者以及传播者的角色。根据消费者对商品品牌的印象以及理解,户外广告对商品进行了"第二特征"的标注。消费者通过交互式户外广告,不仅能够对商品产生浓厚的兴趣,同时也会对户外广告有新的体验以及认识。消费者使用交互式户外广告的过程也是一种对户外广告的创作过程,他们会从广告中获得精神享受,也能够实际分辨广告信息的真假，从而提高对户外广告的认知水平。

由于广告的经济目的，户外广告中不可避免地存在审美因素，引导着受众审美意识的产生。户外广告的不断传播以及复制，将在社会文化中形成一定的影响力。这种力量不是显而易见的，而是在传播商品信息时间接地进入受众的头脑。户外广告拥有广泛的受众，其传播渠道的常规化，更容易向公众传播积极健康的文化。因此，户外广告通过交互模式，可以在传达商品信息的同时，弘扬正确、正能量的审美取向。从户外广告自身来看，增加互动体验的目的是为了提高产品的市场效果；而从文化角度来看，户外广告的创新是对社会文化价值的提升。

3.5 本章小结

本章梳理和总结了目前户外广告的应用场景及交互模式，为户外广告受众群体的偏好研究奠定了研究基础。其中探索性地将户外广告应用场景分为大空间声画和小空间触控，为户外广告的交互模式提供了分类依据。基于不同的交互形态，本章将户外广告的交互模式细分为基于信号感应的户外广告交互模式、基于声音识别的户外广告交互模式、基于图像识别的户外广告交互模式、基于LBS的户外广告交互模式。每种模式各有长处，LBS户外广告的效果相较于其他三种技术更成熟、更易实现，在推广户外广告和提升广告效果等功能方面更具优势。同时，梳理了交互模式改变了户外广告的展示终端、提高了户外广告的参与性、扩展了户外广告营销模式的三大作用，体现了品牌、文化和社会价值，对户外广告理论研究的深化起到抛砖引玉的作用。

第四章
户外广告受众空间交互数据获取及算法实现

空间生产理论中的一个重要概念是"空间的实践",即人类在社会空间中的各种创造性成果,亦即人类劳动后的产物。户外广告就是广告设计者在人类社会空间的实践。社会实践生产空间,空间生产社会关系,受众通过户外广告传播的产品信息与广告商建立联系,而广告商通过户外广告收集受众信息与受众建立社会关系。随着互联网、传感器及大数据技术的进步,人们可以精准获取户外广告与受众的交互数据,进而将户外广告的效果实现得更有效、更精准。获取户外广告受众空间交互数据的关键,就是对受众实现精准定位,进而才能对双方在空间中的广告信息的传递数据进行分析。同时,对于户外媒体的数字化转型来说,对受众精准定位技术的研究,也是一个绕不过去的难点。梳理已有的研究成果,结果显示,在户外广告领域,尚未有专门针对此项目技术深入研究的内容。因此,本章提出一种低成本、易实施的可行性技术解决方案,率先解决了户外广告受众空间交互数据获取的难题,从而使基于空间生产理论的户外媒体效果研究得以采用全新的方法进行实验。

4.1 户外广告受众空间交互数据分类

4.1.1 受众与户外媒体交互位置数据

移动终端与传感器技术的普及,使得位置信息成为互联网移动应用中的核心要素。嵌入式传感器和基于各类信号的定位技术的发展,使得用户基本信息及用户位置的记录功能得以实现。此外,随着各行业大数据的建设,以及受众信息数据的社会化生产,使户外媒体受众行为大数据的抓取与挖掘成为可能。

美国零售业已于 2012 年开始使用定位技术对商业场所的人流进行精准记录与分析,通过互联网 O2O 模式提供营销服务,打造智慧商业。通过获取受众与户外媒体的交互位置信息,广告媒体运营者可以为广告商提供更精确的受众数据分析以及广告效果评估,同时使广告营销服务更为直接,随时通过 LBS 完成业务闭环,适应了当下商业更方便、更快捷,随时随地满足用户需求的发展趋势。

图 4-1、图 4-2、图 4-3 为通过传感器设备记录下的上海某商场区域的人流数据情况。其中,图 4-1 为该区域在一段时间内的人群驻留点位图;图 4-2 为该区域的某时间点的人群驻留点位图;图 4-3 为该区域的某时间点的人群热点图。

基于以上的位置交互数据,户外媒体能够实现商户融合、管理融合、服务融合、营销融合,从而打造营销云平台、建立连接点以掌握客户,增强客户的购物体验,并基于大数据营销,提升广告营销效果。

第四章 户外广告受众空间交互数据获取及算法实现

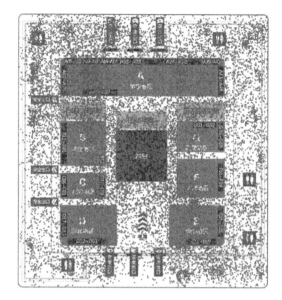

图 4-1 上海某商场区域一段时间内的人群驻留点位图

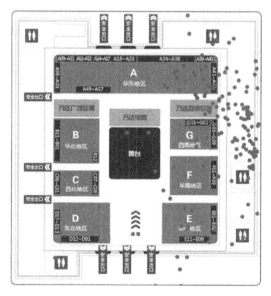

图 4-2 上海某商场区域某时间点的人群驻留点位图

71

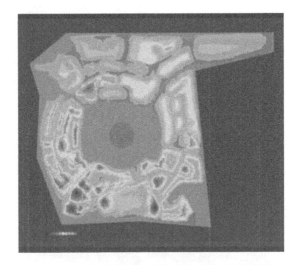

图4-3 上海某商场区域某时间点的人群热点图

户外媒体位置交互的因素主要包括：

第一，区域或地域。地段向来是户外广告设置中最重要也是最优先考虑的因素。不同的区域或者地域有不同的属性，因而对广告商而言有不同的适用之处。即使是同一地段，对不同产品的广告来说，其价值也是迥异的。但是有些区域，适用于各类商业产品，对各类广告商均有益处，这些具有普遍性价值的地段就是户外广告的黄金地段。地域除了需要具有商业价值之外，使用价值也是广告商考量的因素，例如产品客户的写字楼、营销策划地点等。

第二，位置与方向。在一片区域内，有不同方向的位置，基于位置的差异，价值也同样具有差异化；同一个广告牌，面朝的方向不同，其价值的高低也存在差别。普通人的平均视觉范围大约是120度，广告牌距离直视角度越大，越不容易引起注意（如图4-4所示）。

第四章 户外广告受众空间交互数据获取及算法实现

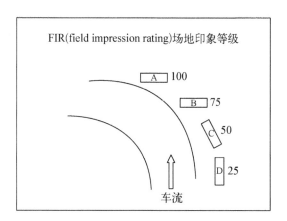

图 4-4 场地印象等级示意图

第三,面积与比例。广告牌的大小与吸引受众的程度是有一定关联的,这里涉及视距的问题。广告牌的大小与视距呈负相关关系,即视距过小、面积过大,广告效果会大打折扣,反之亦然。因此广告位的视距与面积是需要相互协调的,受众初次接收到的广告信息的容量才是广告的有效成分。让受众在视觉上感觉舒适恰当,广告才更能被受众接受。

第四,水平视角。水平视角是指当受众平行走过一个广告牌时所能看见的广告信息的视野。如图 4-5 所示,受众从 B 点进入,至 A 点离开,AB 之间的夹角就是受众所接收信息的视野,也是广告牌在水平面上的辐射范围。水平视角越大,广告辐射面越宽。

第五,垂直视角。垂直视角是指垂直方向上可清晰看见广告牌内容的最大角度。如果上狭角过大,使人的头部过分上仰,会引起不舒服,因而一般要求不超过水平面 1~2 度,而下边视线的夹角则越大越好。悬挂在同一栋大楼上的广告牌,即使处于同一水

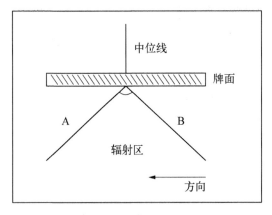

图 4-5 水平视角示意图

平面,因高度不同,受众观看的舒适度也不同。

第六,广告密集度。在同一区域如果有过多同类户外广告,会相应地减弱广告的效果,对受众和周边环境也会产生一定的干扰。广告密集度与广告价值呈反比,广告越密集,价值越低。

第七,环境光亮度。一个好的广告牌如果使受众看不清内容,那么这则广告便是无效的。因此光照和亮度是户外广告极为重要的要素,白天要考虑到反光因素,夜晚则要考虑照明功率,以达到最好的广告效果。

4.1.2 受众与户外媒体交互地点-时间数据

如果一味追求户外广告对受众的刺激性,效果则会适得其反。受众对广告的容忍度需要保持在一定的区间内,如果超过了受众容忍度,过度强调华丽的视觉效果,对受众而言则是一种负担。要做到平衡广告效果与用户的容忍度,是需要精细测量的;在使受众保持舒适感的同时,适当地投放广告,需要考察时间和地点要素。

已经有学者针对受众对广告的容忍度进行了研究。如郭国庆等(2004)[①]基于 Johnston 模式,对服务管理范畴进行了探索。他们以双因素理论(Motivator-hygiene model)为依据,建立了双因素作用下的容忍区模型。研究表明,用户在使用产品时会产生相应的认知、态度和情感,这些影响因素与用户产品使用过程的整体生活周期有关。研究发现,受众自身的位置、所看到广告的时间、对广告的关注度、深刻的广告记忆点、对产品的正面态度等,都是影响户外广告设置与投放的因素。

以地铁广告为例,人们早上上班、下午下班、深夜下班和周末逛街时,对广告信息的接受度是完全不同的。如果是亲子类游乐园的广告,应该选择女性乘客较多的地铁站,并于下班时间段及周末时间段进行投放;如果在上午推送这类广告,则其效果远不及职场工作相关类的广告。

此外,对于地铁里的广告来说,去往办公集中区域方向的广告,在上午更应以工作相关类广告为主;从办公区去往居住集中区域方向的广告,则可与生活类相关。

4.1.3 受众与户外媒体交互速度数据

不论是立体灯箱广告,还是大屏幕滚动视频,抑或是平面图片、现场展示台等,往往多停留在画面是否精美、是否吸引眼球的层面,音频往往是被忽略的因素。这一方面是由人的注意力特性决定的,另一方面则是由户外媒体的"户外性"决定的。

除去既定的户外广告位置属性及其受众本身,受众与户外

---

① 郭国庆,孟捷,寇小萱.顾客容忍区理论评述及扩展[J].管理评论,2004(8):32-36,42-64.

媒体交互的速度决定了户外广告需要更注重瞬间视觉感受。户外广告是一种特殊的媒体，相较于书本杂志等小体积的印刷广告或者电视、电脑、移动终端上的多媒体广告，户外广告更多强调瞬间视觉，关注的是能否在第一时间抓住受众眼球。因此完成快速交互、提升广告宣传效果是户外广告需要重点考虑的。

人的眼睛可以捕捉到许多信息：物体的形状、面积、体积或是容积、运动轨迹、距离远近等。人的视觉功能主要有视敏度、视觉感受速度以及能见度等。在户外广告设计中，需要充分考虑受众与户外媒体交互的速度，以及如何用上述因素强化受众的瞬间视觉感受。例如，当受众是驾驶着汽车行驶在高速公路上，此时针对户外广告的大小尺寸、角度以及画面比例，就需要优化瞬间视觉感受，让用户处于一定的位置时，能在转瞬即逝的状况下看清广告内容。

由此，受众与户外媒体交互的速度，对户外广告在广告视觉效果方面提出了特定的设计要求。一方面，须对户外广告设计的文字、颜色等要素进行优化，深度把控字体颜色，科学地处理素材，以给户外广告带来鲜明的视觉效果。像店家的招牌这类户外广告，可列举少许的关键要点，画面力求简洁明了、通俗易懂。另一方面，户外广告的影像构成要素须与广告主题一致，以视觉的印象获得说服力，引起受众关注，加深其印象，改变接收信息的姿态。人总是喜欢关注罕见的要素，有本能的视觉好奇心，具有强烈视觉冲击性的物品能最先吸引受众的注意力。另外，受众和广告的接触往往是瞬时性或突发性的，这就要求户外广告的构成画面要在受众与媒体交互的时间里，拥有足够的视觉冲击力，以迅速打动受众、感染受众。

第四章 户外广告受众空间交互数据获取及算法实现

4.2 户外广告受众空间交互数据获取的技术路径

户外广告受众空间的交互数据,需要通过抓取户外广告指定受众区域的受众位置数据来实现。对于户外广告的用户位置数据,一是覆盖率要高。户外广告形式多样,覆盖区域广泛,不仅包括室外,还包括大型公共场所的室内,如商业综合体、电梯媒体等。二是对受众位置、行动方向、速度等的数据都需要记录。

4.2.1 GPS 定位技术

全球定位系统 GPS(Global Positioning System)是目前最常用的定位技术。GPS 从研制之初,距今已经有将近 50 年的历史,研究成熟大约经历了 20 年;美国在 1994 年成功研制出新一代卫星导航与定位系统。

GPS 定位系统由 GPS 卫星空间部分、地面控制部分和用户 GPS 接收机三部分组成。其操作过程大致可以理解为:运行在太空的人造地球卫星持续发射无线电信号,这种无线电信号是经过特殊调试的,包含有发射时间、发射地点等信息;卫星导航接收机接收到信号之后,经过计算,得出卫星和用户之间的距离长度,再用一定的算法获得用户准确位置。

实际运用中,GPS 一般适用于室外较宽阔的空间,目前的精度误差为 10~30 米。然而如果在没有道路的区域,比如小区内、广场上、高架桥下面,或者一旦到了室内,GPS 的偏差就非常大,有时甚至会达到百米以上。这是因为信号接收机由于受建筑障碍物或者各类地磁波干扰,无法接收到正确或者足量的卫星无线电信号，因而就无法准确计算定位用户所在位置。

此外，GPS对用户定位数据的收集方式为请求使用记录，即只有用户通过手机或其他带有传感器的终端使用GPS功能的时候，各类应用的后台才能获取用户信息。由于目前受众手机里的应用一般都带有GPS功能，因此对于以地图导航接口提供服务的企业，能够收集到在GPS信号范围内的用户位置数据；但对于一般的户外媒体，则无法通过GPS收集受众位置数据。

国外有学者测量和评估了户外广告的决定因素和影响，旨在记录和描述美国得克萨斯州中部学校周围户外餐饮广告的流行情况。该研究记录并描述了34所中学和13所高中800米内的餐饮广告和设施，包括了一个地区所有的初中、高中和另外14个周边地区的学校。为了收集数据，研究人员绘制了地图和驾驶路线，勾勒出每所学校半径800米范围内的所有街道。之所以选定800米内的范围，是因为根据有关研究，年轻人如果住在距离学校700到800米之内，更可能步行上学，这样更有可能关注到户外广告。研究者研发了一种电子资料收集工具，用以记录户外餐饮广告及设施；该工具使用基于GPS导航和GIS的绘图、手持设备上的电子数据收集表单以及接口来有效地收集食品环境中的主要数据。为了保证研究的可靠性，两个数据收集小组记录了6所中学800米以内的所有餐饮广告和设施。

这项研究的结果表明，即使餐饮广告种类繁多、变化频繁，受过训练的数据收集者可以对餐饮广告和网点进行高可靠性的记录和编码。与其他类似的研究相比，这个工具记录了户外食品和饮料广告的相似性，相较于其他仪器设备，保持着高可靠性和高度适应性，易于使用，并可以记录所有食品和饮料的广告。虽然考虑到食品和饮料广告的性质，可靠性会比较高，但是广告和设施的文档和编码会存在差异。例如，在本研究开始之前，数据收集者有可能会低估广告记录的范围和数量，这可能导致研究团队匆忙地通过数据收集区域，或者忽略掉部分广告，原因很简单：在扫描其他广告时，研究者错过了一部分。关于编码广告，其他研究发现编码器之间有相似的差异，并建议对关键代码进行额外的编写和详细定义，以提高可靠性。编码器之间的可靠性还可以通过分组可靠性会议或通过使用频繁的可靠性检查来提高。因此，未来的工作应该考虑频繁的可靠性检查，并讨论任何有问题的代码，以获得尽可能高的可靠性。最后就可靠性而言，该研究使用百分比协议，没有考虑到偶然的一致性[1]。

4.2.2　蓝牙与惯导融合定位技术

目前，GPS 定位精度在 10～30 米，无法满足部分环境中精确定位的需求；同时到了室内，GPS 信号就会显得极其微弱，无法针对室内地图进行定位。GPS 需要结合室内定位技术 IPS，才能满足更广泛、更精确的定位导航需求。户外媒体必须采用不同于 GPS 的定位技术来获取用户定位数据，满足既能覆盖室外室内、又能反向识别用户，以及实现更高定位精度的指标要求。

现有的精准定位技术主要基于超声波、RFID、UWB、Zig‐Bee 和蓝牙等。当前，工作频段为 2.4 GHz ISM 的蓝牙 4.0 已经成为移动设备的标配，具有抗串扰、低功耗、3 ms 低延迟、超过 100 米的通信距离等优点。蓝牙定位技术可以在现有的移动设备上通过

---

[1] Poulos N S, Pasch K E. The Outdoor MEDIA DOT：The development and inter-rater reliability of a tool designed to measure food and beverage outlets and outdoor advertising [J]. Health & Place，2015(34)：135-142.

获取固定的接入点（Access Point，AP）来实现。AP节点的蓝牙参数值，如接收信号强度指标值（received signal strength indication，RSSI）、链路质量值（link quality，LQ）以及传输功率级（transmit power level，TPL）等，以编写软件的方式对进行处理，从而实现更精准的米级定位，具有方便迅速、成本低廉的优势[①]。

因为需要精准定位的环境往往较室外大型道路更为复杂，信号反射折射比较多，多数情况下信号的强弱（RSSI）与距离并不完全对应，反而较远的地方可能信号会更强，因此往往采用指纹定位算法进行定位。指纹定位算法充分利用反射折射所形成的信号信息，首先离线生成指纹信号强度数据库，而后在线定位中再通过实际测量的一组 RSSI 值来计算位置距离[②]。2006 年，Tran Q 根据信号分布图找出与指纹数据库最接近的多个采样点的平均值来实现对用户室内位置的定位，但无线环境一旦发生改变，就无法实现定位[③]。2007 年，Klepal M 提出对无线信号进行修正，可在无线环境变化的情况下仍能实现定位的方法，但实施效率低下[④]。2009 年，Azizyan M 提出利用群智感知的方法解

[①] 沙朝恒.一种基于矩阵补全的室内指纹定位算法[J].计算机科学，2016,43(6)：91-96；金纯.基于时空相似模型的蓝牙室内定位 RSSI 指纹插值方法[J].科学技术与工程，2016,16(28)：264-268.

[②] 马旭攀.一种基于蓝牙信标的室内定位系统[J].测控技术，2016,35(4)：55-58,66.

[③] Quang T, Tantra J W, Chuan H F. Wireless Indoor Positioning System with Enhanced Nearest Neighbors in Signal Space Algorithm [C]// Vehicular Technology Conference，Montreal，QC，Canada，2006：1-5.

[④] Widyawan N, Klepal M, Pesch D. Influence of Predicted and Measured Fingerprint on the Accuracy of RSSI-based Indoor Location Systems [C]// Navigation and Communication 2007. Hannover, Germany, 2007：145-151.

第四章 户外广告受众空间交互数据获取及算法实现

决定位求解复杂度较高的问题,但依然无法实现实时定位①。2012 年,Perez Iglesias 提出通过查询手机的蓝牙接收信号强度(RSSI)来估计该设备所处的网格空间位置,但受限于网格空间节点的分布密度,其定位精度有限②。2016 年,沙朝恒基于矩阵补全提出了一种鲁棒性较好的室内指纹定位算法,其抗干扰性较强,但定位精度不高③。2016 年,马旭攀使用蓝牙信标节点构建定位系统,在经典 RSSI 定位方法的基础上,加入去噪与平滑滤波过程,以此提高测距准确性和稳定度,但需添加外部传感器,不方便实践部署④。2016 年,金纯提出一种基于时空相似模型的蓝牙 RSSI 指纹插值方法,但 RSSI 位置指纹库难以进行实时更新⑤。在实际运用中,蓝牙指纹定位法常会出现定位点反复回跳的问题,且在转弯处会出现多种错误的定位结果,影响定位效果。

惯导定位是使用测量值的一次积分来计算相对于初始位置的偏移量。惯性定位装置主要由陀螺仪和加速度计构成:陀螺仪具

---

① Azizyan M, Constandache I, Choudhury R. Surround Sense: Mobile Phone Localization via Ambience Fingerprinting [C]// Proceedings of the 15th Annual International Conference on Mobile Computing and Networking. Beijing, China, 2009: 261 - 272.

② Perez H J, Barral V, Escudero C J. Indoor Person Localization System through RSSI Bluetooth Fingerprinting [C]// 2012 19th International Conference on Systems, Signals and Image Processing. Vienna, Austria: 2012: 40 - 43.

③ 沙朝恒.一种基于矩阵补全的室内指纹定位算法[J].计算机科学, 2016,43(6): 91 - 96.

④ 马旭攀.一种基于蓝牙信标的室内定位系统[J].测控技术,2016,35 (4): 55 - 58,66.

⑤ 金纯.基于时空相似模型的蓝牙室内定位 RSSI 指纹插值方法[J].科学技术与工程,2016,16(28): 264 - 268.

有 3 个自由度,用来测量运动测试物体的 3 个坐标方向上的转动角度;3 个加速度计分别用来测量运动测试物体 3 个坐标方向上的平移运动的加速度。惯导定位装置往往安装在运动测试物体内部或由特定人员携带,工作时不依赖外界信息,也不向外部发射能量,具有抗干扰性强、稳定性高等优点。但因惯导定位技术是经过积分而产生,定位误差会随时间而增大,因此惯导法并不适用于较长距离或长时间的准确定位[①]。现在几乎所有的计步器,所用的技术都是通过重力加速度或者陀螺仪来识别步伐,是进行惯导定位的一种简易设备。基于手机的计步器最大的优点是自身所采集的数据其行进方向可靠,误差较小,稳定性高。

为了解决蓝牙指纹定位方法存在的不足及弊端,本算法提供了一种基于蓝牙和计步器融合的精准定位方法,根据已知的蓝牙指纹数据和计步器数据,将两种数据融合,实现较好的定位效果,以解决指纹定位反复回跳的问题,可得到相对完整精确的用户运动数据。

4.3 受众空间交互数据算法实现

4.3.1 算法基本理论

卡尔曼滤波常被用来进行定位算法结果的优化处理。卡尔曼滤波基本方程如下:

状态转移方程:

---

① 谢红.基于多技术融合的消防员室内外无缝定位方法[J].电信快报,2014(4):12-14.

$$X_k = AX_{k-1} + W_k, W_k \sim N(0, Q) \tag{1}$$

其中，X_k 为 k 时刻用户的位置，X_{k-1} 为 $k-1$ 时刻用户的位置，W_k 为估计误差，并且 $W_k \sim N(0, Q)$，Q 为预测误差的协方差矩阵，A 为状态变换矩阵：

$$A = \begin{bmatrix} 1 & 0 \\ 0 & 1 \end{bmatrix} \tag{2}$$

观测方程：

$$Z_k = HX_k + V_k, V_k \sim N(0, R) \tag{3}$$

Z_k 为指纹算法的定位结果，由真实值 X_k 和观测误差 V_k 组成；$V_k \sim N(0, R)$，R 为估计误差的协方差矩阵，H 为状态变换矩阵：

$$H = \begin{bmatrix} 1 & 0 \\ 0 & 1 \end{bmatrix} \tag{4}$$

卡尔曼滤波实现过程为[①]：

初始参数：已知上一次预测位置结果 X_{k-1} 和上一次预测系数 P_{K-1}

(1) 计算当前预测结果

$$X_K = AX_{k-1} \tag{5}$$

(2) 计算当前预测系数

$$P_K = AP_{K-1}A^T + Q \tag{6}$$

---

① 张言哲.卡尔曼滤波在无线信号定位中的应用[J].导航定位学报，2014,2(4)：83-86,102.

(3) 计算增益系数

$$K_K = P_K H^T (H P_K H^T + R)^{-1} \qquad (7)$$

(4) 计算下一次预测结果

$$X_{K+1} = X_K + k_k (Z_K - H X_K) \qquad (8)$$

(5) 计算下一次预测系数

$$P_{K+1} = (I - K_K H) P_K \qquad (9)$$

4.3.2 基于蓝牙和惯导融合的精准定位算法

4.3.2.1 基于蓝牙和惯导融合的精准定位算法流程

实现流程如图4-6所示,具体步骤包括如下:

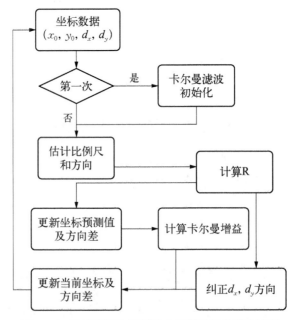

图4-6 基于蓝牙和惯导融合的精准定位算法流程

（1）算法初始化：获取当前的指纹数据和计步器数据，即指纹坐标和计步器步长；进行参数初始化即完成指纹定位预设方差、计步器方向角、初始位置、比例尺的设置；判断当前是否是第一次获取的数据信息，如是，则进行卡尔曼滤波初始化，否则直接转向第（2）步。

（2）估算计步器比例尺和方向。

（3）计算指纹定位的方向差（R 值）。

（4）更新坐标预测值及方向差，利用卡尔曼滤波计算卡尔曼增益，纠正 d_x，d_y 方向。

（5）更新当前坐标及方向差。

（6）输出坐标数据。

本算法核心的步骤主要集中在指纹定位方向差（R 值）的计算与 d_x，d_y 方向的纠正策略上。

4.3.2.2　R 值的计算方法

实现流程如图 4-7 所示，R 值的计算方法如下：

首先给 R 一个预设的值 R_Normal，$R\_Normal = 9$ 米^2，然后根据不同情况有：

如果计步器和指纹都有移动，则估算两种数据方向差值，在前 6 秒内累计步数，如果两种数据方向差不大，则更新前一次指纹方向；

在前 6 步之内，更新前一次指纹方向，R 值不变；

如果计步器没有位移，则 $R = 0$，更新前一次指纹方向，R 值不变；

在指纹没有位移、指纹和计步器的方向偏差大或者计步器速度超过 30 km/h 时，$R = 999\,999$，根据两种数据的差值纠正计步器方向；

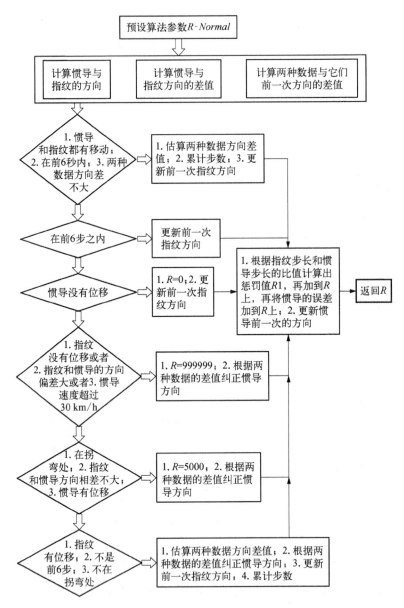

图 4-7 R 值计算流程图

第四章 户外广告受众空间交互数据获取及算法实现

在拐弯处、指纹和计步器方向相差不大、计步器有位移时，$R=5\,000$，根据两种数据的差值纠正计步器方向；

在指纹有位移、不是前6步、不在拐弯处时，估算两种数据的方向差值，根据两种数据的差值纠正计步器方向、更新前一次指纹方向、累计步数；

根据指纹步长和计步器步长的比值计算出一个惩罚值 R_1，再加到 R 上，将计步器的预设方向差 R_Normal 也加到 R 上，更新计步器前一次的方向，返回 R。

在指纹数据不可靠的情况下，R 值设为 999 999，抛弃指纹坐标，当前的方向采用修正后的计步器定位方向。

在经过不同情况下 R 的初始值之后，R 值的计算公式为：

$$ratio = (d_x^2 + d_y^2)/(Finger\ Print\ Location\text{-}PrevLocation)^2 \tag{10}$$

$$R_1 = Max\left(ratio^2, \frac{1}{ratio^2}\right) \times 100 \tag{11}$$

$$R = R + R_1 \tag{12}$$

$$R = R + R\_Normal \tag{13}$$

(10)式中，d_x，d_y 为计步器给出的 x 和 y 方向上的位移，$ratio$ 为一个两种数据位移的比值平方，$Finger\ Print\ Location$ 是指纹定位的当前坐标，$PrevLocation$ 是上一次定位结果的坐标。(11)式中参数 100 以及 $ratio$ 的平方均为经验值，公式的目的在于：当指纹定位的位置与之前位置的差和计步器的步长相比差距越大，R 值越大。(13)式中 R_Normal 是预设的 R 值，为 9 米^2。

4.3.2.3 d_x, d_y 方向纠正的策略

由于计步器定位和用户的行进方向有一个大致不变的偏差,而指纹定位和用户的行进方向基本一致,所以 d_x, d_y 方向纠正的策略有两个:在指纹定位正常的时候,根据指纹和计步器的方向差不断计算它们当前的差值;在指纹定位不正常的时候,根据计步器方向加上方向差来推断当前的方向。

在前 5 秒内,定位结果仅仅是两种定位方法的加权平均值,两者方向的差值则会不断地计算并取平均值;5 秒之后,每次会根据差值纠正计步器的方向并根据当前的差值更新差值,更新的方法如下:

$$DiffAngle_n = \frac{DiffAngleNow + DiffAngle_{n-1}(n-1)}{n} \quad (14)$$

(14)式中 $DiffAngle_n$ 为前面 n 次有效步数的方向值的平均值, $DiffAngleNow$ 为当前计算得出的方向值。

在拐弯处,计步器差值较大,这往往被认为指纹定位不准确,因此拐弯时采用计步器的修正值。在拐弯处的指标是计步器的转向超过 13°,并且当前和之后的两秒都认为用户在拐弯。同时当指纹和计步器的修正值差角小于 30°的时候,也会根据指纹的方向修正 $DiffAngle$,因为即使在拐角处偶尔也会有指纹是可信的,此时会给一个较小的 $R = 5\,000$,即认为当前的方向差比较不可靠。

4.3.3 实验结果与分析

下面我们来验证本方法的融合效果。取一实际场景——面积为 4 900 平方米的某商务空间工作内场(见图 4 - 8),在该内场布线管道上方安置 50 个支持蓝牙 4.0 标准认证的低功率蓝牙

第四章　户外广告受众空间交互数据获取及算法实现

iBeacon(设备安置场景见图 4-9,图片上方方框标识处即为低功率蓝牙 iBeacon),使其 WIFI 信号能够完全覆盖整个地下停车场。本节所提出的基于蓝牙和惯导融合的精准定位算法采用 Java 语言进行编程实现,并在 Android 4.0 系统上进行了发布应用。

图 4-8　某商务空间工作内场

图 4-9　低功率蓝牙 iBeacon 部署

实验中由一工作人员携带装有该程序的 Android 手机在该内场沿矩形线路数据采集图行走,基于本节所提算法开发的程序记录显示的现场行走路线图(见图 4-10),没有出现定位反复回跳以及拐弯处定位不准的现象。同时分别采用蓝牙指纹定位算法、计步器定位算法(惯导定位算法)、蓝牙与计步器融合算法对沿该指定矩形线路行走的人员进行定位,行走过程共计 132 秒,每秒定一次位,共记录下 132 个定位数据。根据上述 3 种算法得到的定位数据绘制出一张定位测试效果比较图,见图 4-11。图 4-11 中:A、B、C 分别对应同一条矩形路线的 3 种定位效果,其中 A 是指纹定位结果,B 是惯导定位结果,C 是融合后结果。从 A(指纹定位效果)线路上可看到定位数据有时间延迟,信号的鲁棒性不强,有跳跃且易出现偏差。从 B(惯导定位效果)线路上可看到定位数据较为连续规则,这是因为其所呈现的定位数据是手机根据传感器采集到的定位数据计算得到的。因此,惯导定位算法所记录的线

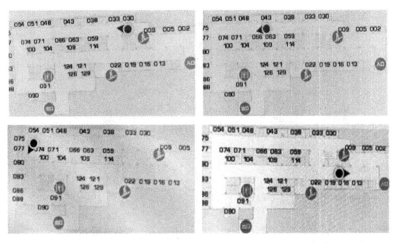

图 4-10　基于蓝牙和惯导融合的精准定位算法所记录的现场行走路线图

第四章　户外广告受众空间交互数据获取及算法实现

路是没有起始点的，它只是记录了一条运动轨迹。为便于展示与其他算法的对比，对 B(惯导器定位效果)线路可进行整体的位置偏转，如图 4-11B 所示。C 为蓝牙、惯导和融合精准定位算法的定位效果图，路线轨迹比较光滑。这是因为 A 方法可为 B 方法提供一个模糊的起始点，B 方法可为 A 方法带来连续的运动轨迹以校验 A 方法的运动轨迹。由此可见，通过本节所提出的蓝牙与惯导的融合算法，可以解决蓝牙指纹的定位跳动及计步器偏移问题，得到了一个相对完整精确的工作人员工作运动轨迹。

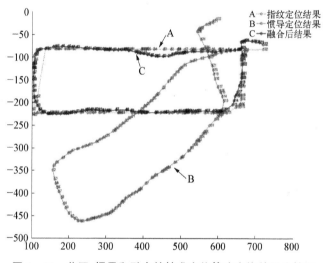

图 4-11　蓝牙、惯导和融合的精准定位算法实施效果比较图
A：指纹定位结果，B：惯导定位结果，C：融合后结果

4.4　研究结论

本研究提出了一种基于卡尔曼滤波的蓝牙与惯导定位技术相

91

融合进行精准定位的算法,弥补了原有两种定位算法的固有缺陷。该方法能够实现较好的精准定位效果,解决了指纹定位反复回跳以及拐弯处定位不准的问题。实验结果表明,该算法能有效地在指定的空间环境中对用户进行高精度定位及运动轨迹追踪,成为解决户外广告受众空间交互数据获取的可行方案。

4.5 本章小结

本算法通过对蓝牙和惯导定位方法的融合,解决了蓝牙指纹定位方法中存在的不足及问题;根据已知的蓝牙指纹数据和计步器数据做两种数据的融合,实现了较好的定位效果,解决了指纹定位反复回跳的问题,为后续研究提供了科学可靠的方法和数据。更为重要的是,蓝牙的部署安装非常简单,且成本低廉,为户外广告受众行为的大数据采集以及空间交互数据的获取提供了科学的解决方案。

第五章
基于空间交互的户外广告受众偏好及广告效果研究

空间生产理论中第二个重要概念是"表征性空间"——这是一个先验的、感性的、想象的空间,也是私人的、具体的、日常的空间,与用户体验关系密切;它可以由编码构成,也可以是非符号化的。户外广告的"表征性空间"就是受众对户外广告的偏好。对受众的偏好进行分析以及根据偏好评估广告效果是本章的主要研究内容。

在信息爆炸式增长的今天,不同形态的户外广告不断涌现。依托大数据、多媒体技术等现代信息技术,广告中传播的信息数量庞大、信息繁多、接受对象广泛;广告也不再受时间、空间限制,而是能更好地被加以利用。户外广告已经成为受众日常生活的一部分,是空间生产中与受众联系紧密的一环。虽然如此,在广告剧增的时期,受众对广告已经有了一定的"免疫"能力,并且能在纷繁多样的广告中依据自己的喜好进行选择性浏览,这就使得受众的注意力显得十分稀缺,因此受众对广告的偏好和广告效果评估就极为重要。

偏好是将受众的情感态度倾向性意见等主观想法综合在一起

的一个概念,其源于微观经济学价值理论,现被运用于各个领域之中。本章从户外媒体运营商(媒体管理者)以及户外广告受众两个角度出发,分别对受众浏览偏好和广告信息对购买意愿的影响进行研究,从而得出户外广告受众的群体偏好,并对户外广告的广告效果做进一步探讨。

5.1 基于户外广告浏览偏好的广告效果评估研究

5.1.1 户外广告浏览偏好评估指标体系

5.1.1.1 可视尺寸

第一,媒体尺寸。在本研究中,媒体尺寸并不是户外广告所占面积,因为实际面积与受众所能观赏的面积有一定的差别。通常受众所能看到的面积小于实际面积。一般而言,广告尺寸与广告效果呈正相关,户外广告的面积越大,受众的注意力越容易集中。有时也需要考虑视距的问题,视距过小会引起反效果,但是这种情况较为极端,不计入本研究指标。

第二,视野角度。人的视野角度是有一定区间性的:受人体生理条件所限,抬眼方向上下 10 度左右是人眼所能观察的最舒适、视力最明确的范围;超过这个范围直到 20 度左右,人眼仍然可以有效识别眼前的图像色彩等信息,但随着角度的扩大,人眼观察力逐步下降,因此视野角度取值最适宜在 20 度以内;30 度之外的范围,人眼在观看图像过程中会丢失部分信息;如果视野角度超过 45 度,则基本可以忽略画面。

综上所述,户外广告的可视面积越大,受众浏览偏好越高。

第五章 基于空间交互的户外广告受众偏好及广告效果研究

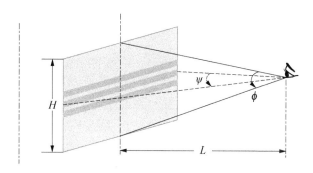

图 5-1　人眼视野角度示意图

5.1.1.2　广告密集度

在同一区域如果有过多同类户外广告,会相应减弱广告的效果,同时对受众和周边环境也会产生一定的干扰。广告密集度与广告价值呈反比,广告越密集,其价值越低。

5.1.1.3　易视性

户外广告是否突出、是否容易被受众发现,是受众浏览偏好的又一重要指标。这种易视性既有广告媒体本身位置在周围环境中是否突出、是否容易被受众看到,也包括户外广告媒体是否使用了一些特殊的材料,使得广告更容易被看见。不同的制作材料,其表现效果也是不同的,常见的户外广告媒体的材质有 PVC 材质、电子显示屏、霓虹灯、光投射装置、气体填充物等,均是为了适应在不同的环境中让受众更容易发现。

5.1.1.4　视觉强迫度

人在行进过程中或者等待时,眼睛并没有休息,常常会被迫接受一些户外广告信息,不自觉地读取广告画面的内容。视觉强迫度与受众观看概率呈正比。通常情况下,封闭空间的广告,其强迫性要高于开放式空间的广告。因为区域一旦封闭或形成有限的展示空间,受众的视野受限,就会被迫阅读空间信息,例如升降电梯的箱内空间、走廊、商场中庭显著位置、候车大厅等。

5.1.1.5 辅助感官设计

为了进一步吸引受众的关注,户外广告越来越多地融入了辅助感官设计。辅助感官设计的核心是通过视觉以外的听觉、触觉、嗅觉、味觉等形式,让受众接受除视觉以外的更多信息,打破传统户外广告画面效果趋同化的局限,加深受众对广告信息的印象,更具娱乐性、互动性、体验性,可让受众在短暂的广告浏览时间内,更能生动地感受到商品的情感以及广告中感官设计带来的乐趣;这是一种基于体验互动基础上的广告营销形式。

5.1.1.6 触达时长

户外广告的受众往往是在运动中,因此户外广告能触达人群的时间越长,人群就越容易关注广告。在户外广告既定的可视尺寸(如前文所述,包括媒体尺寸与视野角度)范围里,户外广告的效果与受众的移动速度成反比,受众移动速度越慢,广告可触达受众的时间越长。因此我们可以发现,高速公路两旁的户外大牌广告,为了让受众在很短的时间内能够关注到其核心信息,广告画面的设计元素一般都很简单,且字体大、色彩鲜艳、信息清晰。

5.1.2 基于 TOPSIS 分析方法的数据样本分析

5.1.2.1 数据样本

对各类户外媒体价值的考核评价,一直是广告媒体运营商与广告主相关负责部门的工作重点。笔者通过查阅资料及现场调研,对上海市 10 组不同户外广告媒体类型的受众浏览偏好指标数据进行了综合评价。

除可视尺寸及触达时长外,对广告密集度、易视性、视觉强迫

第五章 基于空间交互的户外广告受众偏好及广告效果研究

度、辅助感官设计等要素由专业人员按百分制进行打分。广告密集度分值越高,代表了该广告位的用户浏览偏好度越低;易视性分值越高,代表了该广告位的用户浏览偏好度越高;视觉强迫度分值越高,代表了该广告位的用户浏览偏好度越高;辅助感官设计分值越高,代表了该广告位的用户浏览偏好度越高。整体情况如表5-1所示。

表5-1 各类户外广告媒体的受众浏览偏好指标数据表

广告位类别	可视尺寸(平方米)	广告密集度	易视性	视觉强迫度	辅助感官设计	触达时长(秒)
N1(高速公路大牌广告)	60	40	35	30	0	10
N2(高架旁楼顶灯箱广告)	40	50	50	20	15	5
N3(商业街霓虹灯广告)	18	70	40	15	35	2
N4(机场候机厅灯箱广告)	24	80	60	30	25	5
N5(地铁出入口通道灯箱广告)	15	65	75	65	60	10
N6(地铁站台灯箱广告)	14	85	85	60	20	120
N7(商场外部大型LED广告)	75	60	65	20	45	60
N8(商场内灯箱广告)	6	30	20	35	55	10
N9(商场停车场出入口灯箱广告)	10	10	45	50	5	3
N10(办公楼电梯广告)	0.24	5	90	90	75	30

其中,N5、N7、N8为交互式户外广告,其余的为展示型户外广告;交互模式的应用计入辅助感官设计项分值。

5.1.2.2 TOPSIS分析方法及改进

TOPSIS(Technique for Order Preference by Similarity to Ideal Solution)是基于计算最优解的一种经典排序方法:将各项

指标转化成数字后,形成原始矩阵,经过一系列运算得出最优方案(正理想值)和最差方案(负理想值);进而将各个方案的值与最优和最差方案进行距离对比,选择与最佳方案最接近的值,此值所对应的方案就是最终选取的方案。

假设现在有 m 项方案,每项方案具有 n 条特征,对多条特征进行决策计算的公式如式(1)所示:

$$Z = \max/\min\{z_{ij} \mid i=1,2,\cdots,m; j=1,2,\cdots,n\} \quad (1)$$

TOPSIS 分析方法的解题步骤如下:

① 设有 m 个方案(m 为有限范围),具有 n 条属性特征,研究人员将当中第 i 个目标的第 j 个特征的计算值定义为 x_{ij},则形成的原始矩阵 V 是:

$$V = \begin{bmatrix} x_{11} & x_{12} & \cdots & x_{1n} \\ x_{21} & x_{22} & \cdots & x_{2n} \\ \vdots & \vdots & \vdots & \vdots \\ x_{i1} & \cdots & x_{ij} & \cdots \\ \vdots & \vdots & \vdots & \vdots \\ x_{m1} & x_{m2} & \cdots & x_{mn} \end{bmatrix} \quad (2)$$

② 因为每个方案属性特征的量纲不尽相同,因此对原始决策矩阵需要统一计算:

$$V' = \begin{bmatrix} x'_{11} & x'_{12} & \cdots & x'_{1n} \\ x'_{21} & x'_{22} & \cdots & x'_{2n} \\ \vdots & \vdots & \vdots & \vdots \\ x'_{i1} & \cdots & x'_{ij} & \cdots \\ \vdots & \vdots & \vdots & \vdots \\ x'_{m1} & x'_{m2} & \cdots & x'_{mn} \end{bmatrix} \quad (3)$$

其中：

$$x'_{ij} = x_{ij} \Big/ \sqrt{\sum_{k=1}^{n} x_{ij}^2}, \ i=1, 2, \cdots, m; j=1, 2, \cdots, n. \quad (4)$$

③ 根据 DELPHI 法获取专家群体对属性的信息权重矩阵 B，形成加权判断矩阵：

$$Z = V'B = \begin{bmatrix} x'_{11} & x'_{12} & \cdots & x'_{1n} \\ x'_{21} & x'_{22} & \cdots & x'_{2n} \\ \vdots & \vdots & \vdots & \vdots \\ x'_{i1} & \cdots & x'_{ij} & \cdots \\ \vdots & \vdots & \vdots & \vdots \\ x'_{m1} & x'_{m2} & \cdots & x'_{mn} \end{bmatrix} \begin{bmatrix} w_1 & 0 & \cdots & 0 \\ 0 & w_2 & \cdots & 0 \\ \vdots & \vdots & \vdots & \vdots \\ 0 & \cdots & w_j & \cdots \\ \vdots & \vdots & \vdots & \vdots \\ 0 & 0 & \cdots & w_n \end{bmatrix} \quad (5)$$

$$= \begin{bmatrix} f_{11} & f_{12} & \cdots & f_{1n} \\ f_{21} & f_{22} & \cdots & f_{2n} \\ \vdots & \vdots & \vdots & \vdots \\ f_{i1} & \cdots & f_{ij} & \cdots \\ \vdots & \vdots & \vdots & \vdots \\ f_{m1} & f_{m2} & \cdots & f_{mn} \end{bmatrix}$$

④ 根据加权判断矩阵获取评估目标的正负理想解：

正理想解：

$$f_j^* = \begin{cases} \max(f_{ij}), j \in J^* \\ \min(f_{ij}), j \in J' \end{cases} \quad j=1, 2, \cdots, n. \quad (6)$$

负理想解：

$$f_j' = \begin{cases} \min(f_{ij}), j \in J^* \\ \max(f_{ij}), j \in J' \end{cases} \quad j=1, 2, \cdots, n. \quad (7)$$

其中，J^* 为效益型指标，J' 为成本型指标。

⑤ 计算各目标值与理想值之间的欧氏距离：

$$S_i^* = \sqrt{\sum_{j=1}^{n}(f_{ij}-f_j^*)^2}, j=1, 2, \cdots, n, \qquad (8)$$

$$S_i' = \sqrt{\sum_{j=1}^{n}(f_{ij}-f_j')^2}, j=1, 2, \cdots, n. \qquad (9)$$

⑥ 计算各个目标的相对贴近度：

$$C_i^* = S_i'/(S_i^* + S_i'), i=1, 2, \cdots, m. \qquad (10)$$

⑦ 依照相对贴近度的大小对目标进行排序，形成决策依据。

从上文的解法步骤可以看到，传统 TOPSIS 法有以下几点不足：① 公式(4)解得的决策矩阵较为烦琐，最优方案和最差方案的结果较难得到；② 提前界定好的权重 $\omega_j (j=1, 2, \cdots, n)$，其值一般而言不够客观，真实可靠性存疑；③ 当方案 z_i、z_j 关于 f^* 和 f' 的连线对称时，由于 $f_i^* = f_j^*$，$f_i' = f_j'$，因而无法比较 z_i、z_j 的优劣。

现在有学者研究出了一种改进版的 TOPSIS 法[①]，完整涵盖了传统 TOPSIS 法的优势和长处，又改善了其存在的不足，方法如下：

第一，方案划一，正负理想值确定。

改进后的 TOPSIS 法的求解步骤如下：户外广告类别为 m 项，评标采用的指标有 n 个，设第 i 项的户外媒体的第 j 个指标值为 x_{ij}，构成一个 m 行 n 列的评价矩阵：$A=(x_{ij})_{m \times n}$。x_{ij} 由专

---

① 尤天慧，樊治平.区间数多指标决策的一种 TOPSIS 方法[J].东北大学学报，2002,23(9)：840-842.

业人士打分获取。

求解步骤：

① 对矩阵进行数值统一，指标划归为最优和最差方案，由此得到标准化公式 $R=(r_{ij})_{m\times n}$；

对于最优方案：

$$r_{ij} = \begin{cases} (x_{ij}-x_{j\min})/(x_{j\max}-x_{j\min}) & x_{j\max} \neq x_{j\min}, \\ 1 & x_{j\max} = x_{j\min}. \end{cases} \quad (11)$$

对于最差方案：

$$r_{ij} = \begin{cases} (x_{j\max}-x_{ij})/(x_{j\max}-x_{j\min}) & x_{j\max} \neq x_{j\min}, \\ 1 & x_{j\max} = x_{j\min}. \end{cases} \quad (12)$$

② 确定标准化公式的理想解：

$$r_j^* = \begin{cases} \max\limits_{1\leqslant i\leqslant m} r_{ij}, & j \in J^+ \\ \min\limits_{1\leqslant i\leqslant m} r_{ij}, & j \in J^- \end{cases} \quad j=1,2,\cdots,n \quad (13)$$

其中 J^+ 为最优方案（最优向量指标）集，J^- 为最差方案（最劣向量指标）集，r_j^* 表示第 j 个方案的理想值。

显然，对于公式矩阵 R，因为都统一为最优方案了，故理想解 $R_j^* = (1, 1, \cdots, 1)$，负理想解 $R_j^- = (0, 0, \cdots, 0)$。

第二，方案权重的确定。

从上面的分析可知，应用改进理想解法进行评价必须先确定各指标的权重。确定指标权重通常有两类方法：一类是主观方法，如专家打分法、层次分析法、经验判断法等；另一类是客观方法，如熵权计算法、主成分分析法等。因评标过程中，指标的权重对被评价对象的最后得分影响很大，要做到评标尽可能客观，采用客观计算法来计算指标的权重比较合适,即根据决策矩阵的数值信息建立目标规划优化评标模型,通过数学求解的方法来计算权重。

求解步骤:设有指标 $G_1, G_2, \cdots, G_n$,对应的权重分别为 $w_1, w_2, \cdots, w_n$,各方案正理想解和负理想解的加权距离平方和为:

$$f_i(w) = f_i(w_1, w_2, \cdots, w_n) = \sum_{j=1}^{n} w_j^2 (1-r_{ij})^2 + \sum_{j=1}^{n} w_j^2 r_{ij}^2 \tag{14}$$

在距离意义下,$f_i(w)$ 越小越好,由此建立如下的多目标规划模型:

$$\min f(w) = (f_1(w), f_2(w), \cdots, f_m(w)) \tag{15}$$

其中:

$$\sum_{j=1}^{n} \omega_j = 1, \omega_j \geqslant 0, j = 1, 2, \cdots, n \tag{16}$$

由于 $f_i(w) \geqslant 0, i = 1, 2, \cdots, m$,上述多目标规划可以化为单目标规划:

$$\min f(w) = \sum_{j=1}^{m} f_i(w), \tag{17}$$

其中:

$$\sum_{j=1}^{n} \omega_j = 1, \omega_j \geqslant 0, j = 1, 2, \cdots, n \tag{18}$$

构造拉格朗日函数:

$$F(w,\lambda) = \sum_{i=1}^{m}\sum_{j=1}^{n} w_j^2((1-r_{ij})^2 + r_{ij}^2) - \lambda\big(1 - \sum_{j=1}^{n} w_j\big) \tag{19}$$

令

$$\begin{cases} \dfrac{\partial F}{\partial w_j} = 2\sum_{i=1}^{m} w_j((1-r_{ij})^2 + r_{ij}^2) - \lambda = 0 \\ \dfrac{\partial F}{\partial \lambda} = 1 - \sum_{j=1}^{n} w_j = 0 \end{cases} \tag{20}$$

解之得：

$$w_j = \mu_j \Big/ \sum_{j=1}^{n} \mu_j, \tag{21}$$

其中：

$$\mu_j = 1 \Big/ \sum_{i=1}^{m}((1-r_{ij})^2 + r_{ij}^2). \tag{22}$$

各方案优劣排序：

根据(14)式可求出各方案 $f_i(w)$ 的值，将其由大到小排序，即可得优劣顺序。

5.1.2.3 样本分析

① 综观上述各指标，显然在评标中可视尺寸、易视性、视觉强迫度、辅助感官设计、触达时长是作为最优向量指标处理；广告密集度作为最劣向量指标处理。这些指标构成决策矩阵：

$$X = (x_{ij})_{4\times 6}\,(i=1,2,3,4;\ j=1,2,\cdots,6) \tag{23}$$

按改进理想解的步骤，首先由(11)(12)式对 x_{ij} 进行标准化处理，得标准化矩阵 $Y = (y_{ij})_{4\times 6}$，计算结果见表5-2。

表 5-2 标准化矩阵

No.	x1	x2	x3	x4	x5	x6
N1	0.567 9	0.118 7	0.190 9	0.213 6	0.000 0	0.074 6
N2	0.386 6	0.095 8	0.278 2	0.145 7	0.115 9	0.037 3
N3	0.176 4	0.063 8	0.210 9	0.104 1	0.283 7	0.014 8
N4	0.237 8	0.060 5	0.337 7	0.218 9	0.201 7	0.036 0
N5	0.145 8	0.070 6	0.419 7	0.451 1	0.484 1	0.072 3
N6	0.131 9	0.055 9	0.482 3	0.454 8	0.156 6	0.900 6
N7	0.706 5	0.076 7	0.353 2	0.144 4	0.352 3	0.477 3
N8	0.056 8	0.158 3	0.111 9	0.262 7	0.430 5	0.075 2
N9	0.098 0	0.418 5	0.255 4	0.343 0	0.042 4	0.022 4
N10	0.002 4	0.889 9	0.491 0	0.620 6	0.608 0	0.232 4
最优向量	0.709 9	0.949 8	0.503 7	0.596 9	0.636 4	0.900 6
最劣向量	0.002 5	0.055 6	0.105 9	0.103 7	0.000 0	0.014 0

② 根据标准化矩阵,用本节给出的求权重的方法,即由式(21)可求得各指标的权重分别为 $W_j = (0.190\,5, 0.154\,8, 0.154\,8, 0.190\,5, 0.154\,8, 0.154\,8)^T$。

③ 利用改进理想解法,求得 $f(\omega_i)$ 的值并排序,由(14)式得各个样本排序指标值(表 5-3)。

表 5-3 各个样本排序指标值

样本	D+	D−	统计量 CI	名次
N1	1.448 6	0.587 1	0.297 7	5
N2	1.475 4	0.430 4	0.251 2	8
N3	1.556 6	0.357 0	0.196 1	10

续 表

样本	D+	D−	统计量 CI	名次
N4	1.439 8	0.406 9	0.214 5	9
N5	1.397 7	0.687 2	0.354 7	4
N6	1.174 7	1.033 1	0.493 9	2
N7	1.066 0	0.992 5	0.466 2	3
N8	1.446 2	0.472 0	0.275 6	6
N9	1.362 5	0.445 5	0.271 4	7
N10	0.993 6	1.294 1	0.571 6	1

因此,方案优劣排序为:N10＞N6＞N7＞N5＞N1＞N8＞N9＞N2＞N4＞N3。

从上述结果结合实际情况可知,将改进理想解法应用于户外广告媒体受众浏览偏好排序是合理有效的,且在技术操作层面更为简便易行。

5.1.3 分析结论

TOPSIS法将各个方案进行优劣对比、综合评判,可广泛运用于各个研究领域。该方法可以将不同方案进行数据化处理,通过加权计算和统一化处理,避免了不同方案的相互干扰。另外TOPSIS法使原始数据被最大程度地使用,以科学定量的方法对比抉择不同方案的优劣程度,使结果更加理性、可靠。通过对一般TOPSIS法进行改进,本节提出了对户外广告受众偏好进行排序的方法,不仅在操作上简便易行,并且结合实际情况可知,其结果也是合理有效的。

本节通过梳理户外广告浏览偏好指标,对不同类别的户外广告媒体运用TOPSIS分析方法进行了排序评价。针对户外广告的受众浏览行为，由于受众具有不同的个人特征与习惯，因此其浏览的偏好不完全相同，对户外广告的接受度也各不相同，并且不同的受众群体不可避免地带有各自的群体行为特征。

基于大数据的量化分析来了解户外广告受众的群体浏览偏好，在户外广告受众偏好综合评价中具有较高的应用价值，能从更宏观的角度得到户外广告的关键影响因素，一方面可为广告主利用户外广告营销提供更具体的指导，帮助其更加充分合理地利用媒体资源，提升营销效果；另一方面也为户外广告运营者规划、建设、经营户外媒体等工作提供了理论依据。

5.2　户外广告信息属性对消费者购买意愿的影响

空间生产理论中最后一个重要概念是"空间的表征"，即人类脑海中构建的理性空间，或称为抽象化概念化空间，由社会中各行各业人员的知识、理念、理性思维等塑造，在抽象思维中规划、排列、成像。受众在非自主选择的情况下接收到户外广告信息，是一种下意识、无意识的状态；只要其出现在户外场所，有意无意间都可能受到户外广告的"轰炸"；正是基于这一点，不少广告客户在广告投放中获得了超额回报。

功能性是广告最为重要的信息属性，对于户外广告来说亦是如此。功能性的信息属性传达了企业产品的具体功效如何、可给消费者带来何种效用，功能性是户外广告必备的信息属性之一。对于户外广告来说，在同一个空间下，面对众多的广告，如何选择受众？如何激发受众的兴趣？如何加深受众的印象？情感因素发挥了多少作用？这些都是需要研究考察的。

5.2.1 理论基础与假设

5.2.1.1 户外广告信息属性与消费者购买意愿

户外广告与大众生活密切相关，是人们日常随处可见的事物，而且其形成很早，具有良好的宣传效果。根据性质划分，户外广告可以指在公开场合，不指定目标对象，在一段时间内源源不断地向大众传播广告信息的媒介[1]。和其他广告类型相比，户外广告具有高到达、全覆盖、高渗透等特点，为大多数广告商首选广告类型之一。

购买意愿被证实可作为预测消费行为的重要指标。根据Dodds等(1991)[2]的定义，购买意愿是指受众尝试置备某种商品或品牌的概率。受众对特定产品或品牌的立场与外部成因的影响，是决定受众购买的主要原因。受众的购买意愿由其对某些特定产品的主观偏好决定，这是考察受众购买某种产品或然性的主要因素：购买意愿越大，受众购买的机会越大；购买意愿越低，受众购买的机会就越小。广告的根本目的只是引导公众倾向、策动受众情感，从而影响他们的购买活动[3]。在户外广告领域，购买意愿是受众在无意识状态下的一种沟通和渗入形式，这对受众的购买活动有强大作用。在这个全面引导乃至调动受众购买意愿的流

---

[1] 王伟明,胡明宇,赵丁丁.再读广告史(三)——中国户外广告三十年综述[J].中国广告,2011,(3): 92-97.

[2] Dodds W B, Monroe K B, Grewal D. Effects of price, brand, and storeinformation on buyers' product evaluations [J]. Journal of Marketing Research, 1991(3): 307-319.

[3] 丁俊杰,张树庭.广告概论[M].北京：中央广播电视大学出版社,2001: 21.

程中,广告通过不同的形式,或委婉或单刀直入地利用所展示的信息来宣传其产品或服务理念。从这个角度说,受众关于广告的综合成效是来自广告所囊括的信息。

针对两种具有差异功用的广告信息,受众的情绪变化过程是有区别的。受众在观看功能性广告画面时,经常偏向于被其传达的产品的效用价值和显露的经济价值所吸引,更易于将关注度聚焦于产品的实用性方面,因此着重从功能价值感知层面了解广告中的实物,以此驱动购买意愿。对于情感性的广告,受众常常倾向于被广告中涉及感性、主观认知等的内容所吸引,是从情感性角度出发开展购买行为。具有不同需求的受众对户外广告的信息,其态度也是不一样的:功能性广告的受众,其需求是消极性的,而情感性广告的受众,其需求是积极式的[1]。因此,户外广告信息的功能性和情感性,对消费者购买意愿均具有显著正向影响。基于此,笔者提出以下假设:

H1a:户外广告信息的功能性对消费者购买意愿具有显著正向影响。

H1b:户外广告信息的情感性对消费者购买意愿具有显著正向影响。

5.2.1.2 户外广告信息属性与感知价值

Zeithaml 等(1990)[2]认为,感知价值是指受众在购买产品之前,预先设想了获得该产品后可能感知到的回报和付出之比,通过

---

[1] Chitturi R, Rachunathan R, Mahajan V. Delight by design: the role of hedonic versus utilitarian benefits [J]. Journal of Marketing, 2008, 72(3): 48-63.

[2] Zeithaml V, Parasuraman A, Berry L L. Delivering quality service, balancing customer perceptions and expectations [M]. New York: The Free Press, 1990: 55-56.

第五章　基于空间交互的户外广告受众偏好及广告效果研究

对比研判而形成的综合性评估。付出除了以资金形式支付成本以外,还有无形资本的付出,包括时间成本、沟通成本、协商搜索成本等①。白长虹(2001)②认为感知价值是某项产品或服务以收益与支出为基础的成本配比评估体系。笔者认为,受众感知价值是考量实际可感知的回报和支出的衡量指标,在全方位衡量商品或服务的功能、价值、效用的综合感受与自己的期望之后做一个综合评估,从而得到产品认知和精神象征的价值评价。

（1）户外广告信息的功能性。当户外广告信息为功能性时,广告所传达的是产品的功能性价值,诸如产品的具体功效、规格标准等,从而使得产品功能属性在消费者中得到很好的认知,让消费者更为仔细和直观地了解产品,有效提升其对产品的感知价值。人的信息需求一般分为以下3种类型：

第一,生活方面的信息需求。从受众的生活角度看,在物质需求已经满足的情况下,对精神层面的需求逐步提升,其影响因素主要表现在传统文化的影响、对权威性的尊崇、性格的使然、浓重的亲情关系以及理智型消费的主导等因素。

第二,职业方面的信息需求。从用户的职业角度看,人类文明离不开教育的进步和发展。全方位的教育体系正在逐步完善,各阶层受到教育之后,越发理解信息掌握的意义；专项信息掌握得越多,该方面的技能就越娴熟,职业发展就越好。每个人的信息需求

---

① Cronin J J, Brady M K, Hult G T M. Assessing the effects of quality, value, and customer satisfaction on consumer behavioral intentions in service environments [J]. Journal of Retailing, 2000, 76(2): 193-218; Keeney R L. The value of internet commerce to the customer [J]. Management Science, 1999, 45(4): 533-545.

② 白长虹.西方的顾客价值研究及其实践启示[J].南开商业评论,2001,4(2): 51-55.

和偏好都不相同,职业规划差异明显。我国的职业划分大致包括8个类别:公职人员和国企职员、专技人员、服务人员、农业生产人员、办事人员、运输修理操作人员、军人、其他人员;各个类别的人员,对信息的需求各有偏好,均有明显差异。

第三,社交方面的信息需求。一方面,社交需求引导受众的心理预期、偏好倾向、购买欲望等心理因素;另一方面,社交需求对消费场景也具有一定的作用。社交行为是基于不同的社交目的而产生的,社交目的有时甚至可以左右不同于自身倾向态度的购买行为。在商业聚会时,主办方会优先考虑重要客户的饮食习惯而放弃消费自己所喜欢的食物;这种迎合他人的社交会产生新的消费行为,这便是社交驱使消费。

社交需求又是如何作用于消费场景的呢?无论是线下交易还是线上购买,消费行为的完成都是在一定场景中进行的。不同的场景会引发不同的购买意愿,而某些特殊的购买意愿只有在某些特定场景、特定时间才会发生。在日常生活中,受众接触到形形色色的社交场景,因而产生许许多多的场景消费(如图5-2)。

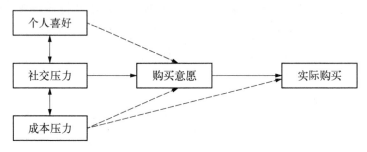

图5-2 信息需求示意图

(2)户外广告信息的情感性。当户外广告信息为情感性时,

第五章 基于空间交互的户外广告受众偏好及广告效果研究

广告所传达的是产品情感,通过与受众之间建立起情感的链接,从而达到刺激消费者提升对产品价值感知的效果。

情感广告以调动受众的情绪为主要目的,以动情、感人、催泪等元素传播广告信息,使受众对产品产生共鸣,进而产生信任。消费行为主义者认为,关注产品本身只是浅层次的消费行为,商品的象征意义才是消费的深层含义;象征意义比产品本身更能体现受众的需求,受众在使用产品过程中,会表现出自我倾向和潜意识的生活方式。

受众从初次遇到产品广告到搜寻产品再到最后购买产品,这一系列流程是体会、回忆、回味和加工情感广告的结果。能让受众产生购买行为的情感广告,说明其与受众的自我形象高度切合,功能也符合受众的需求。

通过户外广告向受众宣扬情感共鸣的过程,也是受众自我描绘的心理形象与产品的典型用户形象相拟合的过程,拟合程度与广告效果呈正相关关系。拟合度越高,广告效果越好,品牌效应越容易发挥。功能一致性过程是消费者将诸如从广告获得的产品性能等信息与其头脑中的理想产品性能相匹配的过程。相对于理性的诉求倾向于激励消费者寻求产品性价比的动机,情感的诉求则引导消费者期待并要求产品的性能优势,更容易激发消费者的新颖动机、自尊动机以及寻求胜利的动机。

基于上述所论述的户外广告信息的功能性与情感性,这里提出以下假设:

H2a:户外广告信息的功能性对消费者感知价值具有显著正向影响。

H2b:户外广告信息的情感性对消费者感知价值具有显著正向影响。

5.2.2 研究模型

5.2.2.1 感知价值的中介作用

Dodds 等(1991)[①]通过实证研究,指出受众的购买意愿取决于感知利润与顾客成本之间的比率,并且购买意愿越高,感知价值也越高,正比关系明显。在购买过程中,受众将测量感知的利润与购买产品的利润和损失相差多少。当感知利润大于损失时,正面感知价值将直接作用于购买意愿。陈丽清等[②]指出,通过相关研究表明,感知价值对购买意愿产生积极影响,消费者将根据感知价值最大化做出购买决策。研究还表明,与满意度或质量相比,感知价值可以更好地预测消费者的购买意愿[③][④]。通过以上讨论,笔者认为户外广告信息的功能性和情感性不仅对消费者购买意愿具有直接影响,而且还能够通过感知价值对消费者购买意愿产生间接影响,即感知价值是户外广告信息属性作用于消费者购买意愿的中介。基于此,这里提出以下假设:

H3a:感知价值在户外广告信息的功能性与消费者购买意愿关系间具有中介作用。

H3b:感知价值在户外广告信息的情感性与消费者购买意愿

---

① Dodds W B, Monroe K B, Grewal D. Effects of price, brand, and storeinformation on buyers' product evaluations [J]. Journal of Marketing Research, 1991(3): 307-319.

② 陈丽清,李雯.产品线索对消费者购买意愿的影响研究——以感知价值为中介[J].浙江理工大学学报(社会科学版),2016,36(4):324-332.

③ Chang T Z, Wildt A R. Price, product information and purchase intention: an empirical study [J]. Journal of the Academy of Marketing Science, 1994(22): 16-27.

④ 钟凯,张传庆.消费者感知价值对网络购买意愿影响研究——以在线口碑为调节变量[J].社会科学辑刊,2013(3):125-131.

关系间具有中介作用。

5.2.2.2 品牌熟悉度的调节效应

在品牌与消费者的关系中,品牌熟悉度的重要作用得到了市场营销学者的高度重视。Alba 等(1987)[①]的研究表明,消费者在不断累积购买经验的同时,也在累积对品牌的熟悉度。Zajonc 等(1982)[②]的研究表明,品牌熟悉度可以引发消费者对品牌产品或服务的积极评价,熟悉的品牌或服务可使消费者体验到更多的温暖和亲密,从而提升他们对品牌产品的黏性;越是熟悉的品牌,受众越容易持续购买。Laroche 等(1996)[③]的研究认为,随着熟悉度的提高,消费者对某品牌产品的信息量也随之增大,消费者因此接受更多的刺激,从而使其对该品牌产品的感知价值也随之提升。基于此,这里提出以下假设:

H4:品牌熟悉度对消费者感知价值具有显著正向影响。

品牌熟悉度体现了消费者对户外广告所推荐产品或服务信息的认知、识别以及印象感知等。当户外广告信息所体现的是产品或服务的功能属性时,消费者主要通过功能一致性来评价该产品[④],此时,无论消费者对该产品的品牌熟悉度如何,其感知价值提升不大;而当户外广告信息所体现的是产品或服务的情感属性时,消费者主要通过情感一致性来评价该产品,消费者对该产品品

---

① Alba J W, Hutchinson J W. Dimensions of consumer expertise [J]. Journal of Consumer Research,1987(13):411-454.

② Zajonc R B, Markus H. Affeetive and cognitive faetors in preferenees [J]. The Journal of Consumer Research,1982,9(2):123-132.

③ Laroehe M, Kim C, Zhou L. Brand familiarity and confidence as determinants of purchase intention: an empirical test in a multiple brand context [J]. Journal of Business Research,1996,37(2):115-120.

④ Johar J S, Sirgy M J. Value-expressive versus utilitarian advertising appeals: when and why to use which appeal [J]. journal of Advertising,1991,20(3):23-33.

牌熟悉度越高,其情感表达越强烈,对品牌产品的感知价值也越高。基于此,这里提出以下假设:

H5a:品牌熟悉度在户外广告信息的功能性与消费者感知价值关系间不具有调节效应。

H5b:品牌熟悉度在户外广告信息的情感性与消费者感知价值关系间具有正向调节效应。

5.2.2.3 有调节的中介效应

依据前文所述,户外广告信息的功能性和情感性通过感知价值的中介机制促进了消费者购买意愿的提高,而品牌熟悉度有助于加强户外广告信息的情感性与消费者感知价值之间的关系,但无助于户外广告信息的功能性与消费者感知价值之间关系的提升。基于以上论述,品牌熟悉度仅可能对户外广告信息属性的情感性—感知价值—消费者购买意愿的中介机制起调节作用,即存在第一阶段被调节的中介效应;但品牌熟悉度对于户外广告信息属性的功能性—感知价值—消费者购买意愿的中介机制可能起不到调节效应。基于此,这里提出以下假设:

H6:品牌熟悉度正向调节感知价值在户外广告信息属性的情感性与消费者购买意愿之间的中介作用。

综合以上论述,本节的理论模型如图5-3所示。

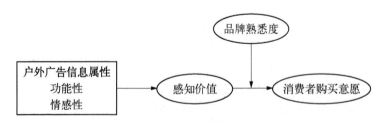

图5-3 户外广告信息属性对消费者购买意愿的影响理论模型

5.2.3 数据分析与假设检验

5.2.3.1 数据样本与分析工具

本研究通过实验法验证分析户外广告信息属性对消费者购买意愿的影响。数据收集采取问卷调查的方式，实验于 2017 年 11 月进行，共收集 300 份问卷，去除掉有缺填项的问卷、存在严重相互矛盾的问卷以及过于极端不够严谨的问卷，共收集有效问卷 258 份，问卷填写有效率为 86%。在发放问卷的时候，工作人员事先没有告知被调查人员本次问卷的真实目的。为避免出现过多无效数据，确保被调查者都能真实填写，有效问卷的填写人员会获得一份回报（小礼物一份）。问卷数据由 SPSS 分析软件进行整理。

本次实验以户外广告作为对象，设计了两组产品广告信息，一组为功能性较强的信息属性，一组为情感性较强的信息属性。邀请参与实验的消费者在观看完两组户外广告后开始作答。在实验样本中，男性占 58%，女性占 42%；18~25 岁占 25.3%，26~35 岁占 33.7%，36~45 岁占 22.1%，46 岁及以上占 18.9%。

对于户外广告信息属性的测度，根据 AAker(1997)[1]的研究，同时将其分为功能性和情感性两个维度，每个维度各 4 个题项，共 8 个题项；整体内部一致性系数为 0.911，其中功能性内部一致性系数为 0.924，情感性内部一致性系数为 0.901。戴维等 (2012)[2]以 Ducoffe(1996)[3]的广告价值模型为基础，结合感知价

---

[1] Aaker J L. Dimensions of brand personality [J]. Journal of Marketing Research, 1997, 34(3): 347-356.

[2] 戴维，白长虹.价值感知及广告互动对网络广告效果的影响——一项基于消费者认知视角的研究[J].中大管理研究, 2012, 7(3): 1-19.

[3] Ducoffe R H. Advertising value and advertising on the web [J]. Journal of Advertising Research, 1996, 36(5): 21-35.

值概念,提出了网络广告的感知价值量表。本章对感知价值的测度借鉴此量表,共设计 7 个题项,其内部一致性系数为 0.897。消费者购买意愿的测度根据 Teng 等(2007)[①]、Soyeon 等(2001)[②]的研究,包括如"我希望选择它"等 4 个题项,其内部一致性系数为 0.931。本章提到的品牌熟悉度是消费者对在线广告信息中提到的产品和品牌的熟悉程度,它是消费者曾经拥有、使用同类品牌产品的经历,或者是其他人使用、分享产品和品牌信息的经验。由此,根据 Alba 等(1987)[③]的研究,以及本章对品牌熟悉度的定义,以"您是否已经使用或听说过该品牌的产品以及您对该品牌的熟悉程度"作为衡量指标。

5.2.3.2 数据分析方法

第一,信效度分析。本研究首先采用 Harman 单因子检验法对同源偏差进行检验,结果表明,单因子模型的拟合效果较差(χ^2/df=22.54,RMSEA=0.274,CFI=0.299,GFI=0.306,TLI=0.311),说明同源偏差并不严重。信度分析结果显示,问卷整体信度为 0.910,各变量内部一致性系数均大于 0.70,说明问卷信度较好。

第二,验证性因子分析。本研究通过验证性因子分析(CFA)检验了潜变量之间的区分效度,结果表明,五因子模型拟合效果最为理想(χ^2/df=2.43,RMSEA=0.071,CFI=0.925,GFI=

---

① Teng L F, Laroche M, Zhu H H. The effects of multiple-ads and multiple-brands on consumer sttitude and purchase behavior [J]. Journal of Consumer Marketing, 2007(24): 27-35.

② Soyeon S, Mary A. An online prepurchase intentions model: the role of intention to search [J]. Journal of Retailing, 2001, 77(3): 397-416.

③ Alba J W, Hutchinson J W. Dimensions of consumer expertise [J]. Journal of Consumer Research, 1987(13): 411-454.

0.917，TLI＝0.930），且均达到了推荐的标准，说明这 5 个变量属于不同的概念。

第三，描述性统计与相关分析。本研究描述性统计与相关分析结果表明：户外广告信息的功能性与消费者感知价值（$r=0.47$，$p<0.01$）和购买意愿（$r=0.40$，$p<0.01$）均呈显著正相关关系；户外广告信息的情感性与消费者感知价值（$r=0.31$，$p<0.01$）和购买意愿（$r=0.35$，$p<0.01$）均呈显著正相关关系；消费者感知价值与购买意愿（$r=0.33$，$p<0.01$）呈显著正相关关系；品牌熟悉度与消费者感知价值（$r=0.38$，$p<0.01$）呈显著正相关关系。关键变量之间的显著相关关系为假设提供了初步支持。

5.2.3.3 假设检验

（1）主效应和中介效应检验。本研究主要采用多元回归分析方法来进行假设检验。主效应和中介效应的检验如表 5－4 所示。

由模型 5 可知，户外广告信息的功能性对消费者购买意愿具有显著正向影响（$\beta=0.32$，$p<0.01$），假设 1a 获得支持；由模型 6 可知，户外广告信息的情感性对消费者购买意愿具有显著正向影响（$\beta=0.30$，$p<0.01$），假设 1b 获得支持。由此，自变量对因变量具有显著正向影响。

由模型 2 可知，户外广告信息的功能性对消费者感知价值具有显著正向影响（$\beta=0.40$，$p<0.01$），假设 2a 获得支持；由模型 3 可知，户外广告信息的情感性对消费者感知价值具有显著正向影响（$\beta=0.29$，$p<0.01$），假设 2b 获得支持。由此，自变量对中介变量具有显著正向影响。

由模型 7 可知，感知价值对消费者购买意愿具有显著正向影响（$\beta=0.29$，$p<0.01$）。由此，中介变量对因变量具有显著正向影响，满足中介效应的所有条件。

在模型 5 的基础上加入中介变量消费者感知价值形成模型 8,可见,感知价值对消费者购买意愿具有显著正向影响($\beta=0.20$, $p<0.01$),且户外广告信息的功能性对消费者购买意愿的影响依然显著($\beta=0.19$, $p<0.01$),但系数有所降低 $0.19<0.40$,由此得出感知价值在户外广告信息的功能性与消费者购买意愿关系间起部分中介作用,假设 3a 获得支持;同理,假设 3b 获得支持。

表5-4 主效应和中介效应检验

	感知价值			消费者购买意愿					
	模型1	模型2	模型3	模型4	模型5	模型6	模型7	模型8	模型9
控制变量									
性别	0.04	0.03	0.04	0.03	0.04	0.05	0.05	0.03	0.04
年龄	−0.08	−0.07	−0.07	−0.10	−0.09	−0.10	−0.07	−0.05	−0.06
自变量									
功能性		0.40**			0.32**			0.19**	
情感性			0.29**			0.30**			0.15*
中介变量									
感知价值							0.29**	0.20**	0.22**
F	1.19	19.98**	17.75**	1.88	18.84**	17.97**	17.71**	27.18**	28.80**
R^2	0.02	0.17	0.14	0.03	0.16	0.15	0.14	0.20	0.21
ΔR^2	0.02	0.15	0.12	0.03	0.13	0.12	0.11	0.04	0.06

注:* $p<0.05$,** $p<0.01$。

(2)调节效应检验。调节效应检验结果如表5-5所示。回归之前,首先对自变量和调节变量的交互项进行标准化处理。由模型 10 可知,品牌熟悉度对消费者购买意愿具有显著正向影响($\beta=0.31$, $p<0.01$),假设 4 获得支持。由模型 11 可知,户外广告信息的功能

性与品牌熟悉度的交互对消费者感知价值影响不显著($\beta=0.11$，ns)，假设 5a 获得支持，即品牌熟悉度在户外广告信息的功能性与消费者感知价值关系间不具有调节效应。由模型 12 可知，户外广告信息的情感性与品牌熟悉度的交互对消费者感知价值具有显著正向影响($\beta=0.17$，$p<0.05$)，假设 5b 获得支持，即品牌熟悉度户外广告信息的情感性与消费者感知价值关系间具有正向调节效应。

表 5-5 调节效应检验

	消费者感知价值				
	模型 2	模型 3	模型 10	模型 11	模型 12
控制变量					
性别	0.03	0.04	0.05	0.04	0.05
年龄	−0.07	−0.07	−0.06	−0.05	−0.06
自变量					
功能性	0.40**			0.38**	0.41**
情感性		0.29**			
调节变量					
品牌熟悉度			0.31**	0.30**	0.28**
交互项					
功能性 * 品牌熟悉度				0.11	0.17*
情感性 * 品牌熟悉度					
F	19.98**	17.75**	20.59**	23.58**	29.76**
R^2	0.17	0.14	0.18	0.19	0.26
ΔR^2	0.15	0.12	0.16	0.01	0.08

注：* $p<0.05$，** $p<0.01$。

(3) 有调节的中介效应检验。为了进一步认识品牌熟悉度在

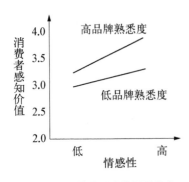

图 5-4 品牌熟悉度的调节效应

户外广告信息的情感性与消费者感知价值之间的调节效应,根据 Cohen 等(2003)[①]设计的程序,笔者描绘了不同品牌熟悉度下的户外广告信息的情感性对消费者感知价值影响的差异,如图 5-4 所示。图 5-4 表明,高品牌熟悉度的斜率大于低品牌熟悉度的斜率,假设 5b 进一步获得支持。

有调节的中介效应检验结果如表 5-6 所示。根据 Edwards 等(2007)[②]的方法,运用拔靴法(bootstrapping method),分析在不同品牌熟悉度下,感知价值在户外广告信息属性与消费者购买意愿关系间所起的中介效应。由表 5-6 可知,在品牌熟悉度不同取值水平下,户外广告信息功能性对消费者感知价值的影响差异不显著($\Delta\beta=0.092$, ns,第一阶段调节效应不成立);在品牌熟悉度不同取值水平下,户外广告信息情感性对消费者感知价值的影响差异显著($\Delta\beta=0.301$, $p<0.01$,第一阶段调节效应成立),这与前文的回归分析检验一致。户外广告信息的情感性通过感知价值对消费者购买意愿的间接影响在品牌熟悉度低时不显著($\beta=0.025$, ns),在品牌熟悉度高时显著($\beta=0.127$, $p<0.05$),且两者差异显著($\Delta\beta=0.102$, $p<0.05$),假设 6 获得支持。

---

① Cohen J, Cohen P, West S G, et al. Applied multiple regression/correlation analysis for the behavioral sciences [M]. Hillsdale NJ: Lawrence Erlbaum Associates, 2003.

② Edwards J R, Lambert L S. Methods for integrating moderation and mediation: a general analytical framework using moderated path analysis [J]. Psychological methods, 2007, 12(1): 1-22.

表 5-6 有调节的中介效应检验

调节变量	功能性→感知价值→消费者购买意愿				
	阶段		效应		
	第一阶段	第二阶段	直接效应	间接效应	总效应
	^PMX	^PYM	^PYX	$^PYM^PMX$	$^PYX+^PYM^PMX$
低品牌熟悉度	0.367**	0.219*	0.273**	0.080	0.353**
高品牌熟悉度	0.459**	0.305**	0.346**	0.140*	0.486**
差异	0.092	0.086	0.073	0.060	0.133*

调节变量	情感性→感知价值→消费者购买意愿				
	阶段		效应		
	第一阶段	第二阶段	直接效应	间接效应	总效应
	^PMX	^PYM	^PYX	$^PYM^PMX$	$^PYX+^PYM^PMX$
低品牌熟悉度	0.114*	0.219*	0.213**	0.025	0.238**
高品牌熟悉度	0.415**	0.305**	0.297**	0.127*	0.514**
差异	0.301**	0.086	0.084	0.102*	0.276**

注：* $p<0.05$，** $p<0.01$。

5.2.4 分析结论

本研究以 258 名一般消费者为实验对象，检验了户外广告信息属性对消费者购买意愿的影响。研究结果显示，户外广告信息的功能性和情感性均对消费者感知价值和购买意愿具有显著正向影响,感知价值对消费者购买意愿具有显著正向影响,且在户外广告信息属性(功能性和情感性)与消费者购买意愿关系中起中介作用;品牌熟悉度正向调节了户外广告信息的情感性与消费者感知价值之间的关系,但对户外广告信息的功能性与消费者感知价值之间的关系不具有调节效应。本章的研究进一步证实了品牌熟悉度正向调节感知价值在户外广告信息的情感性与消费者购买意愿之间的中介作用,即具有调节的中介效应。

在受众日常生活的公共空间,户外广告与大众关系密切,甚至融为一体。在传统的户外广告设计中,广告内容的创新性有待提高、户外媒体的使用率和参与度低于其他广告媒介形态、破坏城市空间的整体性等问题已经制约了其发展。在新媒体时代,结合了大数据技术的户外广告飞速发展,有效突破了上述传统户外广告的制约。广告商通过新兴的户外媒体,整合创意内容和创新形式,搭建了户外广告场景,将被动式的受众观察转变为互动式的用户体验以传递广告信息。这些广告场景的构建不是固定、僵化的模式化,而是针对受众的诉求意愿、心理状态搭建而成。户外广告的信息属性在塑造这种拟态化的媒介环境时,起到了至关重要的作用,对广告主体和广告客体的产品交流、情感沟通,使受众逐渐偏向和接受产品与品牌,以及对搭载消费者购买意愿并最终付之者购买行动均产生了重要的影响。

5.3　本章小结

本章从户外广告这一视角研究了广告信息属性对消费者购买

第五章　基于空间交互的户外广告受众偏好及广告效果研究

意愿的影响,通过构建"户外广告信息属性—感知价值—消费者购买意愿"的作用路径,丰富了有关广告信息的研究内容。就本课题而言,有关感知价值在营销领域尤其是广告营销领域的应用研究还需进一步探讨。本章研究了户外广告信息属性对消费者感知价值的作用,拓展了感知价值影响因素的研究范畴;此外考察了品牌熟悉度在户外广告信息属性与消费者感知价值中的调节效应,以及对中介效应的调节作用,进一步丰富了有关品牌熟悉度的研究视角。

互联网便利了人们的生活,但同时也为人们在购买产品进行决策时带来了更大的难度;大数据时代户外广告的发展可以破解这一难题,因为可以根据消费者的喜好意愿选择展示优质的广告内容。鉴于此,户外广告的功能性和情感性便成了众多广告脱颖而出的重要依据,因此需要研究户外广告信息属性对消费者购买意愿的影响。研究结果表明:户外广告信息属性的功能性和情感性均对消费者购买意愿具有显著正向影响,感知价值在两者关系中起中介作用,品牌熟悉度正向调节了户外广告信息属性的情感性和消费者感知价值之间的关系,且具有调节的中介效应。但品牌熟悉度在户外广告信息的功能性与消费者感知价值关系间不具有调节效应。

本章在获取空间交互数据的基础上,对户外广告受众群体偏好做了比较完整的分析研究,是在户外广告数字化转型升级过程中利用数据模型提出的新的户外广告效果测评方法。

第六章
户外广告资源优化配置模型及算法研究

户外媒体是一种传统但行之有效的媒介形式。当前户外媒体运营者都是基于约定广告位置,按广告展示时间与广告位数量的双因素模式进行广告销售。然而,户外媒体由于本身无法记录受众行为数据等限制因素,其效果测评还停留在依靠单位时间内的观测法、调研法及部分摄像监控进行统计,不仅导致广告主的投放缺乏科学依据,也导致媒体运营方受制于广告时间及广告位数量的局限,效益无法最大化。

移动互联网技术应用发展,使户外媒体受众大数据的社会化生产及挖掘成为可能,进而对受众偏好实现精准分析,将在户外媒体选择与广告效果评估方面产生根本性的变化[①]。本章结合户外广告的特性,基于LBS服务和大数据技术,提出媒体运营方能够通过广告资源优化配置,在满足广告主要求达到的广告营销预期目标基础上,产生最大化的收益,突破传统双因素模式的局限,对

---

① 朱军,周雪卉.户外广告效果评估的研究综述[J].广告大观(理论版),2017(2):36-41.

广告效果测评理论和实践都具有相当的价值。

6.1 户外广告空间资源管理现状

6.1.1 户外广告空间资源存在的问题及整治措施

户外广告与建筑、交通、绿化等城市系统相互交融,共同形成城市的地理空间和视觉界面,在促进商业流通、吸引消费人群、美化城市形象等方面均能发挥良好作用。从公共管理的层面分析,户外广告尚存如下两个问题。首先是环境乱。户外广告作为城市空间资源的一部分普遍存在违规设置的情况,城市空间充斥着各类广告牌,影响市容市貌。其次,收益少。一些政府未能基于"经营城市"的理念进行城市资源管理,存在只投入、建设,不经营、无收益的情况。特别是在户外广告资源管理上,没有将其作为一种城市空间资源加以合理运用,未充分挖掘资源的经济性,未充分体现其经济效益。

开展户外广告资源环境整治,有助于实现集约化有序利用城市空间资源,改善城市形象,优化城市管理水平,合理匹配公共资源,推进生态文明建设。首先是客观评估现有资源规划情况和广告空间布局及建设相关配套制度现状,充分反映资源行政管理及落实政策方面尚存在的问题,科学调整空间布局,为进一步完善配套制度与科学规划奠定基础,同时有助于规范政府行政,创造资源环境效益,优化城市空间环境。其次是明确户外广告行业的发展现状、税收贡献及实现就业等基本情况,立足长远规划,有序推进户外广告行业升级改造发展。最后应深入分析、全面了解现有户外广告经营单位的经营管理及资源分布、分配资源现状,科学整合现有资源,市场化户外广告资源收益,提升产业经济效益。

为了提升城市空间资源的环境效益、社会效益和经济效益,从中央到各地出台了一系列整治户外广告的措施。

《中共中央国务院关于进一步加强城市规划建设管理工作的若干意见》提出当前应积极解决城市空间普遍存在秩序混乱、老城区环境品质差等问题,有机更新、修补城市,科学布局建筑物,全面协调建筑物色彩、天际线、环境。2016年,住建部在三亚召开现场会,提出六大战役,分别是亮化夜景,协调城市色彩,改造绿色绿地,整治广告牌,依法拆除违法建筑,改造街道立面、城市天际线等。

2016年,上海市人民政府办公厅转发《市绿化市容局等七部门关于开展本市违法户外广告设施专项整治工作实施意见》,并由分管副市长牵头,针对整治违法户外广告设施召开专项工作联席会议。该会议云集市公安局、市交通委、市城乡建设管理委、市城管执法局等各部门。各部门共同协调指导,检查督促全市开展专项整治工作。

经过两年的工作,上海户外广告的整治得到了各级领导的认可,深受广大市民关注。街镇、区、市充分发挥联动作用,各部门无缝衔接配合,在执法的同时,加大管理力度,形成良好的氛围,全力推进专项整治工作。据统计,截至 2017 年底,该专项整治一共拆除各类违法户外广告设施 6 321 块。另外各区均较为出色地完成年度督办任务,包括浦东新区、虹口区、宝山区、杨浦区、普陀区等在内的各大区域全面完成 2016~2017 重点督办任务;金山区、徐汇区、嘉定区、奉贤区等 4 个区域 2016 年市督办任务已全面完成;2017 年也基本完成。静安区完成 2016 年 90% 的市督办任务,2017 年已全面完成。

第六章　户外广告资源优化配置模型及算法研究

2017 年年底,北京市开展了集中清理建筑物天际线的专项行动,全市总计超过 1 万块不合格广告牌被拆除。原则上在市区范围内除商业地块外,北京不再新增户外广告点位。到 2017 年 12 月 21 日,青岛市已拆除各类违法户外广告设施 15 628 处计 257 943 平方米,整治拆除门头牌匾 62 869 平方米。南昌市户外广告专项集中整治行动于 11 月 4 日启动,集中整治重点围绕阳明路、北京东路、洪都北大道、青山湖大道、广州路、昌南大道等路段破损陈旧、存在安全隐患的围挡广告、线杆广告进行。济南市高速路和快速路沿线主要道路和重点窗口部位的广告设施全部拆除完毕,辖区内大型户外广告基本拆除,火车站及其周边等重点难点区域周边大型商业广告拆除。2017 年 5 月,西安市"四改两拆"三年攻坚行动实施启动,截至 10 月 24 日,全市累计治理违法建设 719.94 万平方米,其中拆除违法建设 208.96 万平方米,整改处罚 510.98 万平方米。

6.1.2　户外广告资源配置优化的价值

随着我国经济的快速发展,户外广告行业逐渐崛起,与日常生活越来越密不可分。户外广告媒体凭借抵达率高、对区域和消费者选择性强等独特优势深受投资者和广告商家的喜爱。但由于户外广告空间资源开发的有限性,户外广告资源配置优化的社会价值与经济价值凸显,主要体现在以下三个方面:

第一,户外广告资源配置优化推动广告运营公司最大化评估与运营媒体价值。广告运营公司的主营业务之一就是户外广告,每年巨额利润的入账使广告公司越发重视户外媒体,因为这是广告运营商不可或缺的利润来源。随着中国科技水平的提高和新媒体技术的不断应用以及户外广告媒体的不断创新,户外广告媒体的未来前景广阔。户外广告媒体的价值最大化精准测算对广告运营公司具有重要意义。广告运营公司可以根据户外广告资源优化配置,更加科学有效地制订户外广告媒体的出售价格策略,从而更好地为公司盈利。

第二,户外广告资源配置优化能为广告主在完成广告目标的前提下节约成本。由于目前户外广告还是一种传统媒体形式,目标受众难以精确测量,会使得广告主浪费大量的广告费。而互联网新媒体由于能更精准地了解受众,推出更有效的广告解决方案,并且广告呈现方式多样化、个性化,使广告空间资源大大增多,使得互联网广告已经极大超越了传统媒体广告的市场规模。因此,对于广告主来说,把握每一个精准客户,将广告营销预算花得更明白,就是成本的节约和效率的提升。

第三,户外广告资源配置优化将推动广告行业有序发展,服务政府加强城市规划建设管理。广告业是国民经济发展中不可或缺的行业,但如果不对之前那些无序和盲目树立的户外广告加以清理整治,城市面貌的提升将无从谈起;这个发展与制约之间的矛盾,已经成为户外广告业发展的瓶颈问题。通过资源配置优化,使户外广告行业在既定的空间资源里获得更多的衍生空间,提升空间的有效性,将推动行业长期、稳定、健康发展。

6.2 基于混合协同粒子群算法的资源优化求解

户外媒体是一种传统但行之有效的媒介形式,当前户外媒体运营者都是基于约定广告位置,按广告展示时间与广告位数量的双因素模式销售给广告主。然而,户外媒体由于本身无法记录受众行为数据等限制因素,户外媒体效果测评还停留在依靠单位时间内的观测法、调研法及部分摄像监控进行统计,不仅导致广告主的投放缺乏科学依据,也导致了媒体运营方受制于广告时间及广告位数量的局限性,效益无法最大化。

基于位置信息服务的应用场景为户外广告公司的高效数字化管理提供了可能,也成为产业发展的必需。随着互联网技术的应用及发展普及,使户外媒体受众大数据的社会化生产及挖掘成为可能,进而对受众偏好实现精准分析,将在户外媒体选择与广告效果评估方面产生根本性的变化。传统的户外广告是针对大众进行的传播,互联网时代将更加精确化。

传统户外广告的受众信息大都是通过受众调查和专业仪器获得的,而这种信息是零散的、小规模的数据,是不够全面的。随着GPS、WIFI、蓝牙等传感技术的日益成熟,户外媒体已经可以精准收集其所在空间的用户数据,包括实时人流数量、空间距离、移动速度和方向等,并通过各类 LBS(location Based Service)应用精准地了解到用户的消费习惯、收入水平、关注领域等核心数据,勾画出准确的用户画像。

本章结合户外广告的特性,基于 LBS 服务和大数据技术,提出媒体运营方能够通过广告资源优化配置,在满足广告主要求达到的广告营销预期目标基础上,产生最大化的收益,突破传统双因素模式的局限,对广告效果测评理论和实践都具有相当的价值。

6.2.1 问题描述与模型建立

假设一个户外媒体广告公司受理了 n 个广告客户的户外广告业务,每个广告客户只做一个广告。同时假设户外媒体广告公司

共有 m 块广告牌。这里考虑的问题是如何优化配置有限的广告牌资源,使在满足广告主要求的情况下收入最大化。

x_{ij} 为广告 i 在 j 块广告牌上的播放次数,用它作为决策变量;v_{ij} 为广告 i 在 j 广告牌上的期望利润;p_{ij} 为广告 i 在 j 块广告屏上显示千次广告客户付给广告公司的成本;C_i 为第 i 个广告客户的广告预算;M_i 为第 i 个广告客户对广告 i 的最小播放次数的要求;S_j 为第 j 块广告牌的客流量,利用大数据和定位技术统计得出平均值。

下面给出户外媒体广告公司的收益最大的数学模型:

$$f(x) = \max \sum_{i=1}^{n} \sum_{j=1}^{m} x_{ij} v_{ij} \tag{1}$$

$$\text{s.t.} \sum_{j}^{m} x_{ij} p_{ij} \leqslant C_i \tag{2}$$

$$\sum_{j=1}^{m} x_{ij} \geqslant M_i \tag{3}$$

$$\sum_{i=1}^{n} x_{ij} \leqslant S_j \tag{4}$$

$$v_{ij} \geqslant 0 \tag{5}$$

$$x_{ij} \geqslant 0 \text{ 且 } x_{ij} \in N \tag{6}$$

其中:式(1)为户外广告屏广告收入最大的目标函数,约束条件式(2)是指每个广告的支出不能超过其预算;约束条件式(3)是广告客户所要求达到的最小广告播放次数;约束条件式(4)是指所投放的广告不能超过某一广告屏广告容量。

利用大数据和 LBS 技术,覆盖率的大小反映了户外广告和周边客流量的相关程度。如果覆盖率低,那么说明广告和周围客流的偏好属性相关程度小,在这类广告牌上就要尽量少投放广告;如果覆盖率高,那么说明广告和广告牌周围客流偏好属性相关程度大,在这类广告牌上就要尽量多投放广告。

本研究优化目标是建立在一定户外广告预算下,广告商总体收入最大化的决策模型。

6.2.2 算法基础

6.2.2.1 粒子群优化算法(PSO)

PSO 是 1995 年由美国社会心理学家 James Kennedy 和电气工程师 Russell Eberhart 共同提出的,其基本思想起源于他们对鸟类群体行为的研究结果,利用了生物学家 Frank Heppner 的生物群体模型而形成[1]。PSO 将每个个体看作是在多维搜索空间中的一个没有重量和体积的粒子,该粒子在搜索空间中以一定的速度飞行,其飞行速度由个体的飞行经验和群体的飞行经验进行动态调整。

设 $X_i=(x_{i1}, x_{i2}, \cdots, x_{id})$ 为微粒 i 的当前位置,$V_i=(v_{i1}, v_{i2}, \cdots, v_{id})$ 为微粒 i 的当前飞行速度,$Pb_i=(pb_{i1}, pb_{i2}, \cdots, pb_{id})$ 为微粒 i 所经历的最好位置,也就是个体最好位置,$Pg=(pg_1, pg_2, \cdots, pg_n)$ 表示微粒群的最佳位置。

每个粒子的当前最好位置 $Pbest$ 由下面公式确定:

$$Pb_i(t+1)=\begin{cases}Pb_i(t) & if(f(X_i(t+1))\geqslant f(Pb_i(t)))\\ X_i & if(f(X_i(t+1))< f(Pb_i(t)))\end{cases} \quad (7)$$

---

[1] Yudong Zhang, Shuihua Wang, and Genlin Ji. A Comprehensive Survey on Particle Swarm Optimization Algorithm and Its Applications [J]. Mathematical Problems in Engineering. 2015: 1-38.

每个粒子位置的各维值按以下两个公式进行动态调整：

$$v_{id} = wv_{id} + c_1 rand()(pb_{id} - x_{id}) + c_2 Rand()(pg_{id} - x_{id}) \tag{8}$$

$$x_{id} = x_{id} + v_{id} \tag{9}$$

式中，$d=1, \cdots, n$，w 是惯性权重，c_1 和 c_2 是加速因子，$rand()$ 和 $Rand()$ 是 $[0,1]$ 之间的随机数，pb_{id} 是粒子 i 的局部最优位置即"认知"部分，pg_{id} 是"社会"部分。

6.2.2.2 引力搜索算法（GSA）

引力搜索算法是模拟牛顿万有引力定律思想的一种启发式算法，通过种群内各粒子间的万有引力作用指导种群的优化搜索，所有粒子都不断趋向于种群中质量最大的粒子（即最优粒子）[1][2]。与粒子群算法相似，在 D 维的搜索空间随机初始化 N 个粒子。粒子的惯性质量通过式(10)和式(11)计算：

$$m_i^t = \frac{f^t(*) - worst^t}{best^t - worst^t} \tag{10}$$

$$M_i^t = \frac{m_i^t}{\sum_{j=1}^{N} m_j^t} \tag{11}$$

其中 $f^t(*)$ 表示当前粒子的适应值，$best^t$ 和 $worst^t$ 分别表

---

[1] Tabatabaei S. A new gravitational search optimization algorithm to solve single and multi-objective optimization problems [J]. Journal of Intelligent & Fuzzy Systems. 2014, 26(2)：993-1006.

[2] Dowlatshahi M B, Nezamabadi-Pour H, Mashinchi M. A discrete gravitational search algorithm for solving combinatorial optimization problems [J]. Information Science, 2014(258)：94-107.

示当前种群搜索到最好以及最差适应值。搜索空间内,不同维数上,粒子间的引力表示如下:

$$F_{ijd}^t = G^t \frac{M_i^t \times M_j^t}{R_{ij}^t + \varepsilon}(x_{jd}^t - x_{id}^t) \tag{12}$$

其中,M_i^t,M_j^t 为粒子惯性质量,$x_{id}^t x_{jd}^t$ 为粒子 i 和粒子 j 在 d 维上的位置。$R_{ij}^t = \|x_i^t, x_j^t\|_2$,表示粒子 i 与粒子 j 的欧式距离,$G^t = G_0 e^{-\alpha t/T}$ 表示引力系数,G_0 和 α 为常数,T 表示最大迭代次数。根据牛顿万有引力定律,粒子 i 在 d 维空间上受到的合力等于其他各粒子对其的作用力之和。为了增加算法的随机性,将粒子 i 受到的各作用力做随机化处理,那么粒子的当前加速度为:

$$a_{id}^t = \frac{\sum_{j=1, j\neq i}^{N} rand()F_{ijd}^t}{M_i^t} \tag{13}$$

在群体的进化过程中,粒子按照式(14)和式(15)分别进行速度与位置的更新:

$$v_{id}^{t+1} = rand() \times v_{id}^t + a_{id}^t \tag{14}$$

$$x_{id}^{t+1} = x_{id}^t + v_{id}^{t+1} \tag{15}$$

6.2.2.3 混合粒子群算法(HPSO)

PSO 算法具有很强的前期搜索能力,但在进化后期收敛速度变慢,种群多样性降低,出现"趋同性"现象,算法易陷入局部最优解,不能保证全局最优。而与 PSO 算法相比,GSA 具有更强的搜索能力且进化后期搜索速度快,因此本节在 PSO 算法进化停滞时引入 GSA,利用两种算法并行优化的方法,增强进化后期种群多

样性,提高算法寻优能力,保证全局最优。其组成的混合协同粒子群(HPSO)算法步骤如下:

(1) 初始化算法的基本参数;

(2) 随机初始化粒子群位置;

(3) 计算各粒子的适应值;

(4) 找出个体历史最优解和全局最优解;

(5) 利用 PSO 算法更新粒子速度与位置;

(6) 当粒子群的进化停滞步数大于设定值 T 则转入步骤 0,否则转步骤 0;

(7) 采用 GSA 进行优化搜索,更新个体历史最优解和更新全局最优解;

(8) 当满足搜索精度或达到最大搜索次数则转入步骤 0,否则,搜索次数增加 1,并转入步骤 0,进行下一次搜索;

(9) 输出全局最优解和最优个体值。

6.2.3 协同混合粒子群算法及流程(CHPSO)

协同进化概念最早由 Ehrlich 和 Raven 讨论植物和植食昆虫(蝴蝶)相互之间的进化影响时提出。在生物学上,协同进化指生物与生物、生物与环境之间在进化过程中的某种依存关系。相互作用的种群间从单方的依赖关系发展到双方的依赖关系,种群间互为不可缺少的生存条件,在长期的进化过程中相互依赖、相互协调而共同进化。

协同进化算法在对个体进行评价时,需要利用其他个体的信息,即个体的适应值不再仅由目标函数决定,还由其他种群个体决定。借鉴生态系统中存在的各种协调关系,Jason 也提出了与之相类似的协同进化计算机制,包括竞争协同进化、捕食者—猎物协同进化、寄生物—寄生主协同进化，以及互利的协同进化①。协同进化算法采用并行的方式搜索最优值，减少了运行时间，并且通过种群之间共享邻域模型发生合作关系，提高了种群的精度。

协同进化算法所具有的特点是可以为多个种群并行搜索。在每次迭代过程中，采用不同的进化机制，即有利于扩展对全局的搜索，也有助于在搜索后期对最优值的快速收敛。

在搜索的过程中，多个种群并行展开搜索，种群之间进化机制的改变，增强了种群的多样性，避免了算法在搜索后期易出现的陷入局部极值的现象。每个种群搜索到的较好个体通过共享机制在不同种群之间迁移，完成协作进化，从而有效地避免局部最优解，增强了种群在解空间中的搜索效率和精度，获得了良好的辨识效果。

协同粒子群算法中，将粒子群平均划分为 k 个子群，每个子群首先独立、并行完成寻优过程，通过子群交流获得种群的最优粒子，并用该最优粒子随机替换各子群中的一个粒子（最优粒子所在子群除外）。协同粒子群算法流程如下：

(1) 初始化参数，初始化种群；

(2) 将种群平均划分为 k 个子群；

(3) 各个子群利用 HPSO 算法寻优；

(4) 子群交流，种群最优粒子与最优适应值更新；

(5) 利用种群最优粒子随机替换各子群中的任一粒子（最优粒子所在的子群除外）；

---

① M Jason. Co-evolution and genetic algorithm [D]. Carleton: Carleton University, 1997.

(6)当满足搜索精度或达到最大搜索次数则优化过程结束,否则转步骤 0。

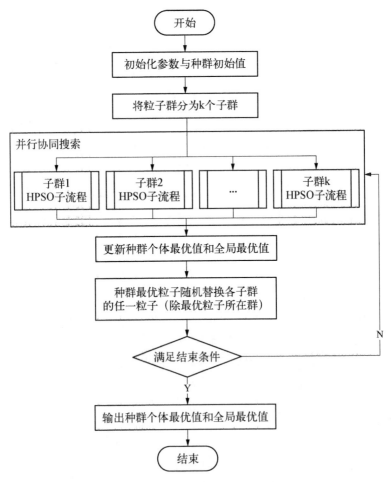

图 6-1 协同混合粒子群算法流程图

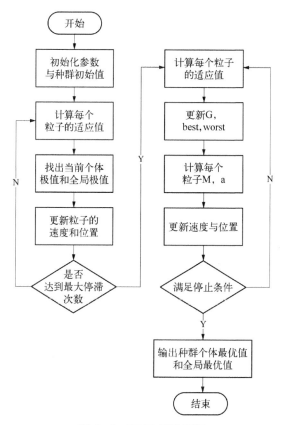

图 6-2 HPSO 子流程图

6.3 样本仿真实验及分析

在 MATLAB 2015R 下对算法进行实现,并对多个问题进行仿真分析。这里以 20 个广告客户、10 个户外广告牌的情况进行说明,每组数据运算 500 次。由于户外广告客流量偏好属性以及定位的统计数据涉及商业机密很难获得,在这里仿照相关文献①②③④⑤⑥,以在实验的环境下产生的方法来生成不同广告在不同广告屏上的播放,并与文献⑦保持一致。其中,参数设置如下:p_{ij} 的范围为 $[0,200]$,g_{ij} 为 $[20,800]$ 间均匀分布的随机数,$q_{ij}=10\times p_{ij}$,$v_{ij}=0.4\times p_{ij}$,M_i 取 $[70,400]$ 之间均匀分布的随机数,C_i 取 $[500\,000,2\,000\,000]$ 之间均匀分布的随机数,S_j 取 $[2\,000,4\,500]$ 间均匀分布的随机数。

混合协同粒子群算法的参数设置为:协同子群个数为 5,最大迭代次数为 20 000,种群大小 $N=100$,学习因子 $c_1=c_2=2$,惯性权重为 $w=0.7$,PSO 算法的进化停滞步数 T_0 设定值为 50,当停滞步数大于 T_0 时,引入 GSA 算法寻优。GSA 中 $G_0=100$,$\alpha=20$。对仿真实例分别进行 10 次独立实验,经过运算,算法得到的最优解 4.233 9 百万,即每个广告在各广告屏上印象次数如表 6-1 所示,表明了算法的有效性。

---

① LANGHEINRICH M, NAKAMURA A, ABE N, et al. Unintrusive customization techniques for web advertising [J]. Computer Networks,2003,31(11-16):1259-1272.

② NAKAMURA A, ABE N. Improvements to the linear programming based scheduling of Web advertisements [J]. Electronic Commerce Research,2008,5(1):75-98.

③ 齐洁,汪定伟.求解网络广告资源优化模型的改进微粒群算法[J].控制与决策,2004,19(8):881-884.

④ 张志华,王莉.网络环境下广告资源优化决策模型[J].鞍山科技大学学报,2006,31(2):321-315.

⑤ ZHAO Wen-dan, WANG Ding-wei. Modeling and algorithm of Web advertising resources optimization [C]. Proc of the 29th Chinese Control Conference. 2010:5590-5594.

⑥ 陈亮,张墨华.基于改进粒子群算法的网络广告配置优化[J].计算机应用研究,2012,29(1):142-144.

⑦ 吴琼,纪志成,吴定会.协同混合粒子群算法求解车间作业调度问题[J].计算机工程与应用,2016,52(5):266-270.

第六章 户外广告资源优化配置模型及算法研究

表6-1 算法最优解

	1	2	3	4	5	6	7	8	9	10	11	12	13	14	15	16	17	18	19	20
1	282	82	277	135	289	173	477	377	326	126	228	209	282	247	258	168	304	84	296	203
2	322	394	14	107	102	110	183	239	108	157	98	231	335	341	238	19	188	70	94	167
3	0	210	214	59	197	61	187	74	191	55	343	101	147	267	172	43	149	338	41	102
4	211	159	274	262	613	311	361	207	304	434	337	184	209	155	123	338	123	65	259	325
5	248	299	280	194	68	120	312	139	110	141	238	220	535	163	140	208	101	47	139	276
6	89	117	376	517	141	233	481	178	211	112	331	429	397	113	271	370	303	152	254	360
7	205	292	98	319	213	301	106	103	81	56	57	258	92	112	66	307	129	260	50	158
8	222	219	176	222	181	86	0	192	17	85	197	120	21	84	4	387	203	157	53	231
9	151	270	82	232	190	191	107	1	0	85	175	64	51	105	8	0	268	21	98	77
10	321	319	67	31	181	54	220	132	290	230	379	183	281	257	252	130	26	91	106	271

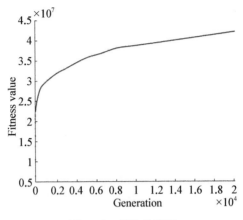

图 6-3　算法性能图

6.4　研究结论

线上数据与线下场景如何进行导流互通，是户外广告资源优化配置中较为关键的问题。由于目前户外广告的数据只通过估算的车流、人流数据作为参考依据，导致户外广告尚无法像互联网媒体一样，可使媒体运营者及广告主双方能以精准的效果数据进行广告投放测算。

在解决了空间交互数据的问题及对应的广告效果评测后，广告商在进行户外广告投放时，对预算的把控将会更客观；通过大数据和移动互联网技术使线上线下数据融合，对用户画像的掌握更精准，对用户浏览偏好的把握更准确，从而形成基于效果的投放策略。

此模型是一个带约束的整数优化解决方案，通过罚函数将其转换为无约束问题并以融合优化的方式进行最优求解，经相关的仿真实验进行探究和分析，实验结果表明了协同混合粒子群算法的有效性。

本章提出了一种基于大数据与定位技术精准营销结合进行综合定价的模型。将这种模型运用于户外广告领域,能够较好地解决广告主和相关广告运营企业的共同利益互存,使双方的利益最大化,因而具有实用性,主要体现在如下三个方面:

(1) 大数据及 LBS 技术的发展,使户外媒体受众的各类行为数据得以像互联网媒体一样可进行收集与挖掘,使户外媒体的精准营销成为必然趋势;此模型对广告主及媒体运营商两方效益共同提升的可能性方向进行了探索。

(2) 户外媒体的受众主体行为目前仅依靠单位时间内的观测法、调研法及摄像监控进行统计,缺乏科学的数据统计方法以及在此基础上进行的数据挖掘,导致户外媒体的选择与广告效果的评估均存在较大漏洞。本章提出的户外广告资源配置优化模型为户外广告效果提供了新的判断方法。

(3) 户外广告媒体的建设由于需要占用有限的公共空间,投入大,回报周期长,不管是主管审批部门以及建设运营企业都需要对广告媒体进行更合理的规划,并基于精准的受众人群推送,能衍生更多的营销形式,适应了当下户外广告发展的需求。

综上所述,户外广告资源配置优化模型及算法研究是基于空间生产理论的户外媒体受众行为大数据社会化生产研究,对户外媒体行业的发展具有一定的理论和实践意义。

6.5　本章小结

本章通过介绍不同算法的内容和步骤进行对比,最终选取混合协同粒子群算法进行仿真试验,在此基础上研究户外广告资源配置优化模型,以 20 个广告客户、10 个户外广告牌的情况进行求解,对仿真实例分别进行 10 次独立实验;经过运算,算法得到最优解,仿真实验结果表明了算法的有效性。

第七章
研究结论与展望

户外广告作为一种传统广告形式,相对其他传统媒体的广告更具可接近性和视觉冲击力,同时又能与城市融为一体,成为人们生活的一部分。但传统的户外广告投放成本很高,不少商户宁愿将广告牌空置,也不进行投放,因此其效果无法精确评测。大数据时代的来临,使得户外广告的利用率得到了质的飞跃,基于大数据技术的数字户外广告作为新形态的广告,本身是一项创新和符合社会发展潮流的事物。新的形势背景下,包括互联网的兴盛、移动数据的发展、大数据的流行、交互技术的更新等环境的变化,使户外广告的受众偏好和投放策略产生了新的补充和发展。

7.1 研究结论与启示

7.1.1 提出户外广告空间交互数据获取算法,为户外广告资源配置优化提供数据支撑

本书运用卡尔曼滤波基本方程,提出了一种通过蓝牙与惯导定位技术相融合进行精准定位的算法,弥补了蓝牙与无线两种定

位算法存在的固有缺陷。研究选取上海某一商务空间内场,采用 Java 语言进行了编程实现,并在 Android 4.0 系统上进行了发布应用。通过现场试验发现,该方法能够实现较好的精准定位效果,解决了指纹定位反复回跳以及拐弯处定位不准的问题。实验结果表明,该算法能在内场环境中对工作人员进行高精度定位及运动轨迹追踪,实现人员监管与智能巡检的功能,为后续户外广告受众行为的大数据采集提供了基础。

精准定位技术与户外广告的关联在于,对于企业而言,当企业主选择店址或营销地点时,通过收集过往流量、实时流量、驻留时间等信息,定位算法可以帮助他们决定最佳场地,并且也可在未来帮助他们采集消费者行为,绘制行为模式图并建立模型,为日后的营销策略提供支持。当商家与拥有定位算法的应用合作时,受众走进该商家,应用便会自动推送店铺的产品信息与特色内容,还可领取优惠券,这对实体店目标客户的二次挖掘和精准定位是极大的助力。

7.1.2 针对户外广告受众浏览偏好进行研究,为户外媒体运营商及广告商提出媒体评估方法

研究以 TOPSIS 法将 10 个不同类别的媒体方案进行优劣对比,综合评判,TOPSIS 法可以将不同方案进行数据化处理,通过加权计算和统一化处理,避免了不同方案的相互干扰,另外原始数据被最大限度地使用,以科学定量的方法对比抉择不同方案的优劣程度,使结果能够理性可靠。应用 TOPSIS 法对户外广告受众偏好进行综合评价,消除了其他方法对样本及数据的界限设置,小众的户外广告类型可以适用,大型商业广告同样可以解读,乃至可用于整个广告行业的分析,适用广泛,计算迅速,结果客观,因此该

方法在户外广告受众偏好综合评价中能起到实用价值。

本书通过梳理户外广告受众浏览偏好指标,对不同类别的户外广告媒体运用 TOPSIS 分析方法进行了排序评价。针对户外广告的受众浏览行为,由于受众具有不同的个人特征与习惯,因此其浏览的偏好不完全相同,对户外广告的接受度效果也各不相同,并且不同的受众群体不可避免地带有各自的群体行为特征。了解户外广告受众的群体浏览偏好,能从更宏观的角度得到户外广告的关键影响因素,一方面为广告主利用户外广告营销提供更具体的指导,帮助其更加充分合理地利用媒体资源、提升营销效果;另一方面也为户外广告运营者规划、建设、经营户外媒体等工作提供理论依据。

7.1.3 研究户外广告信息属性对消费者购买意愿的影响,有助于户外广告的传播效果提升

本书以 258 名一般消费者为实验对象,检验了户外广告信息属性对消费者购买意愿的影响。研究结果显示,户外广告信息的功能性和情感性均对消费者感知价值和购买意愿具有显著正向影响,感知价值对消费者购买意愿具有显著正向影响,且在户外广告信息属性(功能性和情感性)与消费者购买意愿关系中起中介作用;品牌熟悉度正向调节了户外广告信息的情感性与消费者感知价值之间的关系,但对户外广告信息的功能性与消费者感知价值之间的关系不具有调节效应。本书的研究进一步证实了品牌熟悉度正向调节感知价值在户外广告信息的情感性与消费者购买意愿之间的中介作用,即具有调节的中介效应。

提升户外广告传播效果的启示是:第一,企业应重视户外广告信息的设计与传播,不仅要注重其功能属性,更要重视其情感属

性。户外媒体是一种情感性媒体,大多数情况下,它仅仅是一个向消费者 SAY HI 的媒介,户外广告的目的多为告知,使受众产生印象而并非直接达成购买。特别是随着互联网和新媒体的全面渗透,新的户外广告形式也让人应接不暇,AR 虚拟现实互动、二维码扫描互动,以及移动互联网营销等方式让户外广告突破了传统受众的被动参与,极大地刺激了消费者与户外广告的感应程度,增加了受众对广告的认知。随着生活节奏加快,人们更加青睐富于情感的设计,户外广告通过与受众之间建立起情感的表达,能够达到极好的宣传效果。第二,感知价值对提升消费者购买意愿具有重要作用。因此,户外广告一定要让消费者感知到产品价值所在,从而促进消费者购买意愿的提高。第三,品牌熟悉度是固化于消费者心中对品牌产品的感知。根据本书的研究结果,对高品牌熟悉度的产品,户外广告要着重突出其情感属性;而对低品牌熟悉度的产品,户外广告突出其功能属性可能更为合适,这与以往研究相似[1][2][3]。

7.1.4　设计户外广告资源配置优化模型及算法,为提升户外广告空间优化提供科学依据

通过介绍不同算法的内容和步骤进行对比,最终选取混合协

---

[1]　Hong J W, Zinkhan G M. Self-concept and advertising effectiveness: the influence of congruency, conspicuous and response mode [J]. Psychology & Marketing, 1995, 12(1): 53 - 77.

[2]　Quester P G, Karunaratna A, Goh L K. Self-congruity and product evaluation: a cross-cultural study [J]. Journal of Consumer Research, 2000, 17(6): 525 - 537.

[3]　Graeff T R. Image congruence effects on product evaluations: the role of self-monitoring [J]. Psychology & Marketing, 1996, 13(5): 481 - 499.

同粒子群算法进行仿真试验,研究户外广告资源配置优化模型。以 20 个广告客户、10 个户外广告牌的情况进行求解,对仿真实例分别进行 10 次独立实验;经过运算,算法得到的最优解为 4.233 9 百万。经过此次数据分析,提出了一种基于大数据与定位技术精准营销的混合定价模型的户外广告资源优化模型,平衡了广告客户和户外运营商的利益,更适合实际应用情况。此模型是一个带约束的整数优化问题,通过罚函数将其转换为无约束问题,并通过协同混合粒子群算法进行求解。仿真实验结果表明了算法的有效性。

7.2 研究局限与展望

本书的研究虽已在基于空间生产理论的户外广告受众群体偏好与投放优化策略方面取得了一些初步的成果,也为户外广告效果测评体系提供了一些有益参考,但是本研究也存在一些有待完善之处:

首先,对受众并未进行详细筛选和分类,对受众态度的考察不够全面,影响因素设计较少,还局限在单一的具体指标上,不成体系;评价点也不够细化,对各个因素的关联度也未深入研究;问卷调查以及实证研究局限于少量样本,缺乏全国范围内不同层次大样本的调查和实证。未来将针对以上问题继续开展户外广告投放优化和效果测评相关的研究工作,努力探索在各类形态的户外广告媒体中,如何针对不同效果评价指标及其细化评价点,考虑增加多种受众特性进行分类研究,并探究多方关联的影响力度。

其次,本书的研究仅从感知价值视角研究了户外广告信息属性对受众购买意愿的影响路径,但感知价值仅起到了部分中介作用,未来的研究可以从不同视角展开研究。此外,对受众购买意愿的研究方法采用的是一次性实验数据,未来可进行多次操纵性实验,以更准确衡量变量间的关系。

最后,户外广告的受众偏好是动态化的过程,涵盖内容也极其广泛。近年来随着一系列数字技术的出现,如面部识别、增强实景等,一些作为先驱者的广告商和广告设计公司采用了这些应用。数字和物质世界的融合将为品牌创造很多新的机会。使用户外广告来与目标受众进行互动,受众对技术越来越有信心、越来越欢迎,广告成本也将随之下降,户外广告有望拓展其技术整合的边界。随着技术的更新、社会的变迁,受众偏好和广告效果也有相应的变化,因此投放策略也需要不断改进。未来可结合国内外户外广告发展进程,不断跟进户外广告测评研究和改进投放策略。